丛书主编

王大明　刘　兵　李　斌

编委会成员

（按姓氏音序排列）

陈印政　柯遵科　李　斌
李思琪　刘　兵　刘思扬
曲德腾　施光玮　孙丽伟
万兆元　王　静　王大明
吴培熠　杨　枭　杨可鑫
云　霞　张桂枝　张前进

科学人文桥梁通

著名中外科学史家

万兆元 编

中原出版传媒集团
中原传媒股份公司

大象出版社
·郑州·

图书在版编目（CIP）数据

科学人文桥梁通：著名中外科学史家 / 万兆元编. —郑州：大象出版社，2024. 4
(中外科学家传记丛书 / 王大明，刘兵，李斌主编)
ISBN 978-7-5711-1929-4

Ⅰ. ①科… Ⅱ. ①万… Ⅲ. ①科学家-列传-世界- Ⅳ. ①K816. 1

中国国家版本馆 CIP 数据核字（2023）第 242153 号

中外科学家传记丛书

科学人文桥梁通 著名中外科学史家

KEXUE RENWEN QIAOLIANG TONG ZHUMING ZHONGWAI KEXUESHI JIA

万兆元 编

出 版 人	汪林中
项目策划	李光洁
项目统筹	成　艳　董翠华
责任编辑	李晓媚　庞　博
责任校对	安德华　任瑾璐
装帧设计	王莉娟

出版发行	大象出版社（郑州市郑东新区祥盛街27号　邮政编码450016）
	发行科　0371-63863551　总编室　0371-65597936
网　　址	www.daxiang.cn
印　　刷	河南瑞之光印刷股份有限公司
经　　销	各地新华书店经销
开　　本	890 mm×1240 mm　1/32
印　　张	6.75
字　　数	144千字
版　　次	2024年4月第1版　2024年4月第1次印刷
定　　价	27.00元

若发现印、装质量问题，影响阅读，请与承印厂联系调换。
印厂地址　武陟县产业集聚区东区（詹店镇）泰安路与昌平路交叉口
邮政编码　454950　　电话　0371-63956290

总　序

马克思和恩格斯合写于19世纪40年代的《共产党宣言》中，曾有这样一段生动的描述："自然力的征服，机器的采用，化学在工业和农业中的应用，轮船的行驶，铁路的通行，电报的使用，整个整个大陆的开垦，河川的通航，仿佛用法术从地下呼唤出来的大量人口——过去哪一个世纪料想到在社会劳动里蕴藏有这样的生产力呢？"马克思和恩格斯说的那一切，还不过是19世纪的景况。到了21世纪的今天，随着核能、电子、生物、信息、人工智能等各种前人闻所未闻的科学技术的飞速发展，人类社会面貌进一步发生了翻天覆地的甚至马克思那个年代都无法想象的巨变。造成所有这一切改变的最根本原因，毫无疑问，就是科学技术。而几百年来，推动科学技术发展的直接力量，就是一大批科学家和技术专家。

中国是这几百年来世界科学技术革命和现代化的后知后觉者，从16世纪末期最初接触近代自然科学又浅尝辄止，到19世纪中期晚清时代坚船利炮威胁下的西学东渐，再到20世纪初期对"德先生"和"赛先生"的热切呼唤，经过几百年的尝试，特别是近几十年的努力，已逐渐赶上世界发展的潮流，甚至最近还有后来者居上的势头。例如，中国目前不但在经济总量上居于世界第二的地位，而且在科学研究的多个前沿领域也已经名列国际前茅。最可贵的是，中国已经形成了一支人数众多、质量上乘的科研队伍。

利用科学技术来推动社会经济的发展，中国已经尝到了巨大甜头，科学技术是第一生产力的观点深入人心。从政府到民间，大家普遍关心如何进一步落实科教兴国战略、推动创新促进发展，使中国在科技创新方面更具竞争优势，培养和造就出更多的科技创新人才，使中国在现代化道路上能走得更长远、更健康。

为实现上述目标，一方面需要提高专业科学研究队伍的水平，发扬理性思考、刻苦钻研、求真求实、勇于创新的科学精神；另一方面也需要增强和培育整个社会的公众科学素养，造就学科学、爱科学，支持创新、尊重人才的文化氛围。这套"中外科学家传记丛书"的编辑和出版，就是出于这样的考虑。

通过阅读和学习科学家传记，一是可以更深刻地理解科学家们特别是那些在重大历史转折关头做出了伟大贡献的科学家的科学思想和创新方法，二是可以更鲜活地了解到科学家们的科学精神和品格作风，三是可以从科学家们的各种成长经历中得到启发。

本丛书所收录的 200 多位中外著名科学家（个别其他学者）的传记，全部都来自中国科学院 1979 年创刊的《自然辩证法通讯》杂志。该杂志从创刊伊始就设立了一个科学家人物评传的固定栏目，迄今已逾四十年，先后刊登了 200 多篇古今中外科学家的传记，其中包括文艺复兴时期的欧洲科学家、远渡重洋将最初的西方近代科学知识带到中国的欧洲传教士，当然大部分都是现代科学家，例如数学领域的希尔伯特、哈代、陈省身、吴文俊等，物理学领域的玻尔、普朗克、薛定谔、海森伯、钱三强、束星北、王淦昌等，以及天文学、地学、生物学、计算机科学和若干工程领域的科学家。值得指出的是，这些传记文章的作者，大都是在相关领域学有专长的专家学者。例如：写过多篇数学家传记的胡作玄先生，是中国科学院原系统科学研究所的研究员；写过多篇物理学家传记的戈革先生，是中国石油大学的物理学教授；此外还有北京大学、清华大学、上海交通大学、中国科技大学等多所国内著名大学的教授，以及中国科学院、中国医学科学院和中国科技协会等研究机构的专家。所以，这些传记文章从专业和普及两个角度看，其数量之多、涉及领域之广、内容质量之上乘、可读性之强，在国内的中外科学家群体传记中都可以说是无出其右者。

考虑到读者对象的广泛性，本丛书对原刊物传记文章进行了重新整理编辑，主要集中在如下几个方面：一是在总体设计上，丛书共分30册，每册收录8篇人物传记；二是基本按照学科领域来划分各个分册；三是每分册中的人物大致参考历史顺序或学术地位来编排；四是为照顾阅读的连续性，将原刊物文章中的所有参考资料一律转移到每分册的最后，并增加人名对照表。

当前，中国正处在从制造大国向创造大国转变、急需更多科技创新和科技人才的重要历史时刻，希望本丛书的出版对于实现这个伟大目标有所裨益，也希望对广大青少年和其他读者的学习生活有所帮助。

目　录

001
德·摩根　19世纪的数学名师、数学家和科学史家

033
克拉拉　科学史中一颗延迟闪亮的星

053
希思　科学史研究的先驱

075
西格里斯特　卓越的医史学家和医学社会学家

097
广重彻　日本著名科学史家

113
普赖斯　悠游于科学与人文之间的使者

133
洪谦　维也纳学派成员、逻辑经验论在中国的传播者

161
李约瑟　明窗数编在　长与物华新

190
参考资料

195
人名对照表

德·摩根

19世纪的数学名师、数学家和科学史家

德·摩根
(Augustus De Morgan, 1806—1871)

1859年，一部英国符号代数学著作《代数学》由伟烈亚力和李善兰译成中文出版，成了中国最早的符号代数学教科书；20年后，一部名为《数学理》的英国数学著作又由傅兰雅（1839—1928）和赵元益译成中文出版。两书的原作者就是19世纪英国著名数学家德·摩根（当时译为棣么甘，一个颇为晚清中国知识界所熟悉的名字）。后来在傅兰雅和华蘅芳（1833—1902）合译的概率论著作《决疑数学》之"总引"中就曾这样评价德·摩根的概率论著作："盖英国文字论决疑数理之书，其佳者为棣么甘所作，印在伦敦之丛书中（一千八百三十四年），卷帙虽不多，而拉不拉斯之要式俱在其中矣。"然而，大概由于其生平资料的缺乏，《畴人传》（三编）并没有将德·摩根载入。

今天，对于了解西方数学史的人来说，德·摩根这个名字也许并不陌生。但鲜为人知的是，德·摩根一生众多著述中，有六分之一以上是关于科学史（主要是数学与天文学史）的。德·摩根的剑桥大学老师、英国著名数学家皮科克曾称他是"所有现代数学史作者中最准确和最博学者"。而后来剑桥大学三一学院的沃尔特·鲍尔亦称："在数学哲学和数学史方面，他或许比任何一个同代人都渊博。"关于德·摩根的生平、他在数学史方面的工作至今在国内未有撰文论述。本文主要介绍德·摩根的生平，他在数学、数学教育、数学史等方面的工作，并对他的科学史观作一透视。

一、一代名师

德·摩根于 1806 年 6 月出生于印度南部的马德拉斯，父亲是一位在印度任职的上校。出生仅 7 个月，其父就携家眷回国，而自己不久又重返印度。德·摩根以后很少见到父亲，1810 年父亲回国，其间教德·摩根读书识字。1812 年父亲又去印度，1816 年不幸患了肝病，死于归国的船上。

7 岁以后，德·摩根相继就读于一些私立学校，以后学习算术、希腊文、拉丁文、希伯来文、几何、代数等，渐渐对数学产生了兴趣。到了 14 岁，德·摩根进了布里斯托尔附近的一所牧师办的寄读学校学习。在当时英国的同类学校里，学生们每天都必须背诵 40 行的拉丁文或希腊文诗，到周六，还必须把一周所背的总共 200 行诗句一次性背出来。德·摩根对于这样一种死记硬背的教育方法深感厌恶。成为大学教师以后，他对英国学校所采用的这种教育方式进行激烈抨击，并试图通过自己的教学实践加以改变。

德·摩根在婴儿时右眼染病失明，因而在学校里他常常被同学嘲笑，直到有一次他忍无可忍，把一个嘲笑者痛打了一顿。右眼的失明还使他不能加入同学们的许多游戏。德·摩根有画漫画的天赋，不过他最喜爱的是数学，经常在私下里看数学书籍。他的一位同学后来回忆说，德·摩根看一本代数教科书就像看小说一样。德·摩根的母亲出身于数学世家，她的祖父和父亲都是数学家，祖父詹姆斯·多德森还是皇家学会会员、法国著名数学家棣莫弗的学生和朋友，曾著有《反对数表》(1742)、《数学杂集》(1748—1755)等。不过，在当时的英国，普通的数学家或教师在社会上并无地位可言，德·摩根的母亲姊妹九人无一嫁给数学家，倒是有八位都嫁给了在印度任职的军官或文官。德·摩根小时候曾问他的一位姨妈詹姆斯·多德森（英国数学家）是谁，得到的回答却是："我们从来不提臭鱼。"

母亲很希望德·摩根长大后当一名牧师，因此，她从不让他错过一次好的布道。每周日听三次，另外的六天里还要听两次，在学校里还得经常做礼拜，枯燥乏味的布道使德·摩根在精神上总是开小差。久而久之，他用鞋扣尖在布里斯托尔圣米歇尔教堂里的一条靠背长木凳上刺出密密麻麻的英文字母和数学式子。人们细看才发现，原来，那是欧几里得《几何原本》一书最前面两个命题以及几个简单方程，后面署名：A. De M.。做礼拜的经历还使德·摩根得到了终生的"后遗症"：他听不进任何人时间稍长的讲话，因为那样的话，他马上就会回忆起牧师的布道声，于是立刻就走神。显然，母亲并未获得她所期望的结果，相反，过多的礼拜使德·摩根对英国国教的教义产生了怀疑，因而影响了他一生的道路。

1823年2月，16岁的德·摩根进了剑桥大学三一学院。他聪明、勤奋、好学，很快显示出数学的才能，深受老师们的喜爱。二年级时，德·摩根在班里名列前茅，获得了学院三年一度的奖学金。他如饥似渴地学习各种知识，数学、天文、哲学、历史、文学等方面的书籍无所不览，通常通宵达旦。他还交了许多朋友，其中包括他的老师休厄尔（1794—1866）和皮科克。他还酷爱音乐，吹得一口好长笛,是剑桥业余音乐联合会的会员。有一阵子,他还萌发了学医的念头。可是母亲自从意识到儿子不是当牧师的材料后,把培养目标转向了律师。

1827年,德·摩根获文学学士学位,在数学学位考试一等合格者中名列第四,包括休厄尔、艾里(1801—1892)在内的老师们都认为他本应取得更好的名次,因为他的数学才能远远超出他的同学。原来德·摩根博览群书,从不花时间去应付考试,因而影响了考试成绩。按当时剑桥大学的制度,数学学位考试得一等即可成为学院的研究员,并且两年后又可获硕士学位。然而,德·摩根在校期间逐渐脱离了国教,对国教的"三十九条信纲"不予认同,因而失去了留校任教的机会。因为按照校规,留校毕业生必须接受神职。德·摩根虽向往大学数学教师这一职业,可是宗教偏见却像一堵高墙,把他挡在大学之外。他不得不离开剑桥这片令他留恋又令他无奈的土地,进了伦敦的林肯法学会。

1826年,一所不带宗教信仰条件,旨在提供数学、物理学、医学和古典教育的新式大学——伦敦大学成立了,它深深地吸引了德·摩根。1828年,伦敦大学设立第一个数学教授席位,德·摩根立即提出了申请,参加职位竞争。尽管他还不到22岁,是所有32名应聘者中最年轻的一位,但由于他的杰出数学才能,加上艾里、皮科克以及其他剑桥权威们的大力举荐,任命委员会一致选择了他。当时的数学家、教育家、伦敦大学创建者之一、德·摩根的剑桥校友和未来的岳父弗伦德(1757—1841)对德·摩根放弃前途看好、薪水丰厚的律师职业而接受一个低薪数学教职的决定深表怀疑，而德·摩根则在给岳父弗伦德的一封信中道出了自己的心声：

> 看来，您猜想我经过选择会去当律师。诚然，在所有的职业中，律师这个职业对我来说是最容易得到的，但我的选择却是科学，只要它能养活我。我很高兴，我再也不必梦见在我和科学之间阻隔着一份宗教契约。

1828年11月5日，德·摩根在伦敦大学作了题为《论数学学习》的第一次演讲，在演讲中，他论述了数学在人的教育中所占的重要地位。这是他以后的教学生涯中始终不断地加以阐述的主题。

然而，伦敦大学的教授不是终身职位，实际上他们与同时代的工商企业雇员并没有什么两样。1831年7月，伦敦大学校务委员会在没有给出令人信服的理由的情况下通过决议，解雇了解剖学教授帕蒂森。此前，德·摩根为争取教授的应有权益而致函校务会：

> 要让有骨气的人任（我校）教授，就必须使教授享有高度的独立性，并受到高度的尊重。没有哪个有自尊心的人愿意去面对一班学生——如果他在学生面前所表现的品质中含有激起学生不敬的东西的话。学生们都知道学校里有一个凌驾于教授之上的机构；但他们也应知道：只要教授履行自己的职责，大学的法规是会保护教授的，就如他们明确知道教授渎职的话会依规遭到解雇一样。除非让学生相信这一点，否则教授不会得到学生应有的尊重。……

面对社会公众时，我校教授情况完全一样糟。不论到哪里，我校教授都不会遇上和自己境况相似的人——换言之，不会遇到人格和前途为一小群个人所支配的人。牧师、律师、医生和老牌大学的教师都会瞧不起我校教授，因为那些人的人格都有安全保障，只有公众的意见和国家的法律才能在他们身上起作用。只有给予伦敦大学的教授以同样的保障，教授们才能以同等地位与他人交往……如果随随便便就能解雇一名教授，大学就会发生内讧。总会有一些人在他们的一些同事看来，其教学方式正损害着学校；总会有一些人企图赶走惹他们讨厌的人。没有人在其职位上有安全感，因此没有人会有兴趣去管班上的事情；教授的精力就会放到写作或带私人学生上，这样万一学校突然将自己解雇，自己不至于掉了饭碗。显然，这是不利于学生的。此外，教授总会时刻注意另谋一个更为安全的职业，这样，这所大学就会变成为其他各类待遇更好的学校输送教授的场所……如果只有死亡、自动辞职和（经过公众信服其公正性且有资格的法庭证明的）渎职行为才能终止教授任职资格，那么，上述灾难性的结局就会得到避免。

然而，德·摩根的雄辩并没有动摇校务委员会的决定。忍无可忍的德·摩根立即辞去了教授职务。

还在剑桥读书的时候，德·摩根就加入了实用知识传播会（创建于1826年），是该会最有影响的会员之一。离开伦敦大学后，虽然他不再是一名数学教授了,但他的数学研究与著述却从未停止。自1831年起,实用知识传播会陆续以"实用知识丛书"(即《决疑数学》"总引"中所说的"伦敦之丛书")之名出版了德·摩根的《算术基础》(1831)、《数学学习与困难》(1831)、《球面三角基础》(1834)、《代数学基础》(1835,即汉译本《代数学》的底本)、《三角学与三角分析基础》(1837)、《概率论及其应用》(1838)、《微积分》(1842)等多种教科书。他还为该会其他出版物如《便士百科全书》(1833—1844)、《教育季刊》、《人物传记辞典》、《英国年鉴指南》等撰写了大量文章。1843年,德·摩根当选为该学会委员会委员。在离开伦敦大学的日子里,他还带了许多私人学生。

在进伦敦大学任教的那年5月,德·摩根当选为英国皇家天文学会会员。离开伦敦大学后,他又当选为该学会的秘书,与学会里的其他天文学家如贝利、约翰·赫歇尔、艾里等一道致力于提高天文学在英国的地位。他担任秘书一职直到1838年,其后又当选为副会长。从1848年到1854年,他再次担任学会秘书,之后任理事,直到1861年。在任职期间,他编辑了学会的会议记录以及其他许多出版物。

1836年10月,伦敦大学德·摩根的接替者在与家人度假时不幸遇难。开学在即,数学教席却空缺着。直到那年的12月,德·摩根提出暂补此缺。校方求之不得,热情接受了他。为了能长期留住他,校务会终于满足了他在5年前提出的对教授终身职位的要求。

1837年,德·摩根与弗伦德之长女索菲娅·伊丽莎白结婚。索菲娅从小接受父亲的良好教育,长大后成了父亲的重要助手,对数学和哲学颇有兴趣，并有很好的素养，这在当时的英国可谓不同寻常。1835年夏，《代数学基础》刚出版，德·摩根即赠送一册给她作为礼物。他们有7个孩子，其中长子威廉·弗伦德（1839—1917）是著名的艺术家、发明家和作家。

那时的伦敦大学已改名为伦敦大学学院。重返故地的德·摩根依然以饱满的热情投入教学和科研工作。他写了许多概率、代数学基础和形式逻辑方面的论著，其中，逻辑是他作为数学家的最重要的贡献，他的工作是后来数理逻辑学的先声。

德·摩根每年要开4门课，每门课每周3小时。因此他每天都要上两次课，上午、下午各1小时。德·摩根讲课清晰、生动、简洁。他有渊博的知识、惊人的记忆力，举例时信手拈来，引人入胜。英俊的外表、洪亮的声音、幽默的语言和温和的性情又大大增加了他的感染力。他热爱科学真理，蔑视一切虚假知识，这深深地影响了他的学生。

此外，他还在每学期的某一段时间里的晚上给中学教师讲授一门课，开英国"在职培训"之先河。他的课从初等算术、平面几何到变分法，包含了纯数学的所有领域。他还十分注意教给学生新近的数学方法。如在中高级班代数课上，他讲授求高次方程近似根的霍纳法；在高级班应用数学课上，他讲授高斯的有关结果。所有教材绝大多数都是他自己编写的。在1843至1866年间，他为学生编写的各类阅读材料（手稿）达300余本。为了增加收入，德·摩根还在授课和批阅作业的间隙带私人学生，其中一位是著名诗人拜伦的女儿埃达（1815—1852）。

在德·摩根眼里，教师是一个神圣的职业。他从不认为光讲课就足以完成教师的职责了。每堂课结束时，他总要布置许多问题，让学生解答后交给他，他总是十分仔细地批阅每一份作业，并赶在下一节课之前改好发还给他们。对每一个问题，如果做对了，打个"√"，做得不准确，就打个"×"，并写上正确的解法。如果学生犯了原理上的错误，他就会写上"Show Me"，等到下次课结束时，他就会让这样的学生到讲台上去，和学生一起检查出错的地方，并解答学生所遇到的任何疑难问题。由于听课学生常常超过百人，他的工作量之大是可想而知的。德·摩根还是一位厉行纪律的教师。不像那些为了等学生到齐而习惯于迟一点开始上课的教师，德·摩根总是上课时间一到就马上开始上课。德·摩根的准时甚至使一些守纪的学生把他当成了钟表。为了使学生也养成准时的习惯，上课一开始他马上就把教室大门闩上。一次，吃闭门羹的学生试图把门打开，结果被校保安人员制止，这些学生被警告说，如果继续推门，就将他们的名字上报到校务会，然后将他们开除出校！德·摩根对学生的严格要求对英国大学教风产生了重要影响。

作为数学教育家，德·摩根认为数学教育的目的除了为簿记、测量、航海等实用目的以及为力学、天文学等其他学科服务外，主要应该是逻辑思维能力的训练。从他的《数学学习与困难》《逻辑要义》(1839)等著述中我们可以看到他对该科目的重视。就学校数学教育的这一主要目的而言，德·摩根认为学生在校学习数学不在于学得"多"，而在于学得"好"——即良好的逻辑思维习惯的获得。学校并不能培养出博学的人，但能培养出优秀的学习者。德·摩根指出，当时的英国数学教育走入了一个误区：大部分学校强调学习数学的"量"，把尽量多的数学知识灌输给 16 岁以前的学生，而不去理会他们离校后有无愿望或能力继续该科的学习。

在漫长的教学生涯里，德·摩根一直鄙视、抨击在这种重"量"轻"质"思想主导下所产生的教育弊端——强调死记硬背。算术被分割成一堆法则，教师只要求学生会背会用，而不要求他们理解。如果不会用就得挨打，这基于如下原理："在够得着的部位制造疾病来医治够不着的部位的疾病。"结果是，学生虽在学校解决了多年的问题，但离校后遇到需以数种法则结合起来解决的新问题时，仍然一筹莫展。几何和代数教学同样迎合那些善于死记硬背而不善于逻辑推理的学生，甚至《几何原本》中命题的序号也得熟记。

德·摩根厌恶造就驯服而不是富于创造力的学生的考试制度。他从不以考试成绩来衡量学生的优劣，他的教学计划也从来不受考试的影响。有一回临近期终考试，他突然到班上说："我发现你们许多人本周不再去完成我布置的作业了。我十分清楚你们在干什么：你们在临时抱佛脚。但我出的卷子将会使你们的死记硬背毫无用处！"

作为一代名师，德·摩根对学生的影响极为深远。他的学生中后来成为数学家的不乏其人，如西尔韦斯特、劳思、弗朗西斯·格思里和托德亨特（1820—1884）等都是数学名家或名师。受德·摩根影响的并非仅仅只局限于那些日后以数学为业的学生。许多日后从事其他职业的学生，如法学家和经济学家韦利、历史学家霍奇金（1831—1913）、化学家罗斯科、经济学家和逻辑学家杰文斯等等，其成才都是与德·摩根的影响分不开的。霍奇金晚年回忆自己的老师时称德·摩根为他所知道的最伟大的人物之一；罗斯科则称德·摩根"不仅仅是一个数学家和无与伦比的数学教师，而且是19世纪最深刻、最敏锐的思想家之一"；杰文斯把德·摩根称为"深不可测的数学宝藏"，"在任一节课里所给出的最难的内容对他来说只不过是小菜一碟，其数学知识的边际遥不可及"。

在伦敦大学学院工作之余，德·摩根当过一段时间的保险统计员，还和数学家巴贝奇以及艾里、赫歇尔等一道致力于在英国建立十进制货币，并任十进制协会（成立于1854年）的理事。1865年1月，德·摩根当选为新成立的伦敦数学会的主席。在其就职演说中，他提出了学会的目标，抨击了剑桥的考试制度。伦敦数学会很快成了一家全国性的学会，吸引了当时英国几乎所有一流的数学家，这与德·摩根在英国数学界的影响是分不开的。正如后来英国著名数学家、曾任该会主席（1884—1886）的格莱舍（1848—1928）所言，在当时英国数学家中，德·摩根作为作者与教师的地位是无与伦比的。伦敦数学会的创建是德·摩根一生事业的巅峰。为纪念德·摩根所作的贡献，学会于1884年设立德·摩根奖章，以后每三年颁发一次。英国著名数学家凯莱（1821—1895）、西尔韦斯特、格莱舍、哈代、罗素等都是奖章获得者。

早在1853年，由于伦敦大学学院接受了一批由英国国教徒挑选的赠书，德·摩根曾考虑辞职。1866年，德·摩根与伦敦大学学院校务会之间又一次产生了矛盾。他始终认为，学院是无权考虑教授应聘者的宗教信仰的。而校务会出尔反尔，拒聘一位名叫马蒂诺的牧师和著名学者担任精神哲学与逻辑学教授，原因是他属于唯一神教派。德·摩根又一次愤怒了！他再次辞去了教授职务，临行时他说："是学院离开了我，而不是我离开了它。"一些昔日的学生请求他拍照以供学院图书馆之用，他也拒绝了。的确，在世人看来，德·摩根有些怪。但是，在他心中有一套如数学般严格的行为准则。他的两度辞职正是受这个准则的支配。他不愿当选为英国皇家学会会员，拒绝接受爱丁堡大学授给他的荣誉法学博士学位，辞去皇家天文学会理事之职，也同样是受这个准则的支配。

翌年10月，他遭遇新的打击：他的风华正茂的次子、伦敦数学会创建者之一、伦敦大学学院预科学校数学教师乔治·坎贝尔患肺结核去世。这是他1853年失去长女伊丽莎白·艾丽斯后第二次经历人生至痛。他的身体垮了，几乎足不出户。但他仍笔耕不辍，在已发表的论文系列《悖论汇编》基础上，继续扩写新的内容。1872年他的遗孀索菲娅将这些手稿整理出版，成了一部畅销书。

1870年8月，德·摩根的爱女海伦·克里斯蒂安娜也不幸因结核病亡故，本已病弱不堪的他再也承受不了沉重的精神打击，于翌年3月18日溘然长逝。

德·摩根一生两袖清风，他在任大学教授时，年薪从未达到500英镑，在伦敦大学学院任教之后期，年薪甚至不超过300英镑。但他留给后世的却是一大笔精神财富。他为《便士百科全书》撰写了850多个词条，约占全部词条的六分之一；他定期为至少15种刊物撰写了大量的论文（仅目录就占好几页），他的著作有十几部之多。他的著述涉及数学、逻辑学、数学史、天文学史、数学教育等。他的 3000 余册私人藏书至今还保存在伦敦大学图书馆。

二、数学与逻辑

作为数学家，德·摩根的创造性贡献主要是在数学分析和逻辑学领域。在分析方面，他的《微积分》是第一部以极限概念为基础的英文微积分著作。书中给出的无穷级数收敛性判定法今称"德·摩根判别法"：如果给定无穷级数为

$$\sum_{n=1}^{\infty} \frac{1}{\Phi(n)}$$

并且

$$e = \lim_{n \to \infty} \frac{n\Phi'(n)}{\Phi(n)}$$

那么，当 $e>1$ 时，级数收敛；当 $e<1$ 时，级数发散。

在 19 世纪上半叶的英国，德·摩根是最早接受符号代数的数学家之一；在《三角学与二元代数》(1849) 中，德·摩根从几何上全面解释了复数的性质，成了哈密顿四元数思想之源；在 1838 年的一篇论文中，德·摩根创用了"数学归纳法"之名并定义了这种递推证明方法。用斜线分隔符"/"表示分数，也是德·摩根的发明。德·摩根对概率论在人身保险方面的应用有深入研究，这方面的代表作是《概率论及其应用》。德·摩根还富有创见地把概率论应用于确定书本的作者，提出一个检验方法：如果主题相似的两本不同的书是同一作者写的，那么两书中各自所有单词平均字母个数的差小于 10%；因此如果这个差大于上述百分比，则它们很可能就不是

同一个作者所写。

德·摩根还是著名的地图四色猜想的传播者。该问题是他的学生弗朗西斯·格思里离开伦敦大学学院后提出来的，1852年弗朗西斯的弟弟（亦为德·摩根的学生）、后来成为化学家和物理学家的弗雷德里克·格思里向德·摩根请教该问题。经过研究，德·摩根肯定结论正确但未能证明。他就此与著名数学家哈密顿通信。近8年后，德·摩根在一篇书评里又一次介绍四色问题，从而使它广为人知。

德·摩根最大的贡献是在逻辑研究方面，是后世数理逻辑的先驱者之一。德·摩根认为，传统的亚里士多德（前384—前322）三段论对于涉及数量的推理往往是无能为力的。例如："在特定的一群人中，大部分人有外套，大部分人有背心，所以，一些人既有外套也有背心。"利用亚里士多德三段论，无法证明上述结论的正确性。

德·摩根发明记号来描述简单命题。他用大写字母 X, Y, Z……来表示具有某些性质的对象，用相应的小写字母 x, y, z……表示那些不具有这种性质的对象。如：

全称肯定（A）：所有 X 都是 Y——X）Y；

全称否定（E）：无一 X 是 Y——$X.Y$；

特称肯定（I）：一些 X 是 Y——XY；

特称否定（O）：一些 X 不是 Y——X; Y。

德·摩根建立法则，进行正确的三段论推理，他把推理写成形如 X）$Y+Y$）$Z=X$）Z, $X:X+Y$）$Z=Z:X$, X）$Y+Z$）$T=xz$，等等。

这种记号帮助德·摩根获得了利用传统法则并不总能得到的正确结论。他还建立了如下著名法则：

$$\sim(p \wedge q) = \sim p \vee \sim q,$$
$$\sim(p \vee q) = \sim p \wedge \sim q。$$

以集合语言表示，即

$$\overline{A \cap B} = \overline{A} \cup \overline{B},$$
$$\overline{A \cup B} = \overline{A} \cap \overline{B}。$$

今称"德·摩根定律"。德·摩根也是第一个探讨关系逻辑的逻辑学家。在1859年写的一篇论文《论三段论与关系逻辑》中，他用 $X..LY$ 表示"X 是 Y 的 L 的一个对象"，用 $X.LY$ 表示"X 不是 Y 的 L 的任何一个对象"。他还说明了关系的组合和逆关系。

将逻辑代数化的尝试始于德国著名哲学家和数学家莱布尼茨，但第一个提出谓词量化并试图用数学术语将逻辑陈述公式化的是英国植物学家边沁。边沁在《新逻辑系统纲要》(1827)中将"每一个 X 都是 Y"表示成"$tX = pY$"。然而，这个时期逻辑学家通常是利用经典方法进行拓宽亚里士多德三段论的尝试。德·摩根的工作是这种旧方法与其好友、英国数学家和逻辑学家布尔的逻辑代数之间的桥梁。

实际上，布尔的名著《逻辑的数学分析》(1847)是他在德·摩根与苏格兰哲学家哈密顿之间的论战的激发下写成的。早在1833年，哈密顿在《爱丁堡评论》上发表论文《逻辑学》，提出谓词量化，将经典逻辑中的四个简单绝对命题（A、E、I、O）改成八个：①所有A都是所有B；②所有A都是一些B；③一些A是所有 B；④一些 A 是一些 B；⑤任何 A 都不是任何 B；⑥任何 A 都不是一些 B；⑦一些 A 不是任何 B；⑧一些 A 不是一些 B。1846 年，德·摩根把题为《论三段论的结构》的重要论文交给休厄尔，后者将其呈交剑桥哲学会。论文于 1846 年 11 月 9 日在该会被宣读。不久，德·摩根收到哈密顿的来信，信中简略叙述了他的谓词量化的思想。约在此时，德·摩根从休厄尔那里要回了自己的论文，并做了一些改动。哈密顿凭空指控德·摩根在改动时剽窃了他的思想。德·摩根声称改动是在哈密顿来信之前作出的。毫无疑问，德·摩根并未剽窃，因为两者的工作没有任何相似之处。在《形式逻辑》（1847）一书的附录中，德·摩根还指出哈密顿八个基本绝对命题的缺陷，例如，命题①可由命题②和③推出，因而它就不能成为绝对命题。1863 年，德·摩根在《剑桥哲学会学报》上撰文进一步指出，哈密顿的后三个命题是多余的，因为在类 A 和类 B 之间只能有五种关系。美国著名逻辑学家皮尔斯称德·摩根的上述论文是无可辩驳的。

三、数学史

在科学史的前史时期（1913 年以前），科学史著作大多出自科学家之手，科学史也远未能成为一门独立的、综合性的学科。在英国，科学史始于 17 世纪。英国著名数学家沃利斯在其《代数》（1685）中用近一半篇幅讲述代数学的历史，这成为数学史研究在英国的开端。但沃利斯夸大了英国数学家的贡献，成了"过分的民族自豪感所激起的英国人党派偏见之一例"。18 世纪初期，哈里斯的《艺术与科学大词典》(1704)和斯通的《数学新辞典》(1726)涉及了数学史内容。18世纪晚期,英国数学家哈顿著《数学与哲学辞典》(1796)包含数学史和数学家传记的词条。尽管哈顿试图比前人更客观地评价英国数学家,但他仍充满偏见,如在论微积分发明权时,还在指责莱布尼茨剽窃。

德·摩根在剑桥读书时,科学史研究已开始受到英国科学家们的普遍关注,但是当时英国并未出现像法国数学家蒙蒂克拉的《数学史》(1758,第二版1799—1802)、法国天文学家德朗布尔的天文学史系列这样高水平的科学史专著[1],而哈顿等辞典编纂者在撰写人物词条时也忽略了名气较小的数学家和自然哲学家。

德·摩根之从事科学史研究,与休厄尔颇有几分类似。我们知道,休厄尔曾担任剑桥大学三一学院院长,而德·摩根第一次从伦敦大学辞职之后也将更多的精力转向了科学组织活动,他就任皇家天文学会秘书、副会长等职,同时还加盟实用知识传播会。作为科学家兼科学活动组织者,他们必须为科学在当时赢得更多的社会认同与支持进行辩护。

从19世纪30年代到60年代,德·摩根在《教育季刊》《英国年鉴指南》《哲学杂志》等刊物上发表了大量数学史和天文学史论文,并为实用知识传播会的《便士百科全书》,奈特的《人物长廊》

---

[1] 在德·摩根从剑桥毕业10年以后,即1837年,他的老师、著名科学家和科学组织者、被誉为英国科学史鼻祖的休厄尔出版了第一部综合论述科学发展的科学史著作《归纳科学的历史》。

（1832）、《英国名人长廊》（1846）等，史密斯的《希腊罗马传记与神话辞典》（1842—1849）等撰写了大量的数学史和数学家词条。此外，德·摩根科学史专著有《从印刷术发明直到当代的算术著作》（1846）《悖论汇编》（1872）《牛顿：他的朋友和他的侄女》（1885）。德·摩根在天文学史方面的研究主要集中在16世纪和17世纪，特别是伽利略以前哥白尼学说传播的历史。数学史工作主要集中在算术、代数、微积分发明权、数学文献等方面。

德·摩根注意到算术的历史很少为一般的数学家们所注意，他们对算术的发展及其与其他数学分支的关系了解不多。当时关于该学科历史的最好的文献是德·摩根的老师皮科克在《大都市百科全书》上介绍算术的文章。

但德·摩根并未试图去研究算术的一般历史。他的注意力集中在几个特殊的方面。一是正、负号的历史。意大利著名数学史家利布里在其《意大利数学科学史》中曾将它们归于达·芬奇的发明。德·摩根在大英博物馆对达·芬奇的手稿进行研究之后发现，"+"号在其中并不表示"加"，而是表示数"4"。因此他否定了利氏的结论。而新近的史家们把"+""−"号的发明归于德国数学家鲁道夫。鲁道夫于1524年出版了德国数学史上第一部代数学著作《物术》，后经德国数学家施蒂费尔注释再版（1553，1571），书中使用了"+""−"号。施蒂费尔在自己的代数著作《整数之算术》（1544）中也大量使用这两个符号。德·摩根则在德国人威德曼的一部出版于1489年的商业算术珍本中发现这两个符号的频繁使用，分别表示"多"和"少"的意思，因而指出它们并非鲁道夫或施蒂费尔的发明，尽管鲁道夫或施蒂费尔是最早在现代意义下使用它们的数学家。

德·摩根在应用算术特别是算术与历法关系方面有独到的历史研究，古今计数的历史便是其中一例。他发现，人们在数数时有两种不同的方法。一种是从 0 开始数，另一种则是从 1 开始数。因而在日常计算中常常出现混乱。如要确定从星期三到星期五的天数，两种方法所得结果分别是 2 天和 3 天。德·摩根认为，造成这种情况的根源是印度数码的引入。包含"0"在内的印度数码引入欧洲以前，欧洲人用的是罗马数字，而罗马数字中没有表示"零"的。德·摩根通过研究古代法律文献发现，从中世纪开始到威廉三世时代，英格兰的法律条文一直采用从 1 开始的计数法（即某一天以后的时间段包含了这一天）。德·摩根还试图从历史文献中考察 19 世纪的起始年。德·摩根不赞成公元后有 0 年之说。他认为，由于古代没有"世纪"的概念，没有传统可沿，故必须按当代的习惯，以 1801 年和 1900 年分别作为 19 世纪的起讫年。

德·摩根还写过十进分数史以及印度算术方面的文章，这些论文虽无创造性贡献，但从中我们可以看出他对数学史的广泛兴趣以及对皮科克、科尔布鲁克[1]等人数学史著述的熟悉。

在代数史方面，德·摩根对霍纳法的历史有特别的兴趣。

---

[1] 第一个对古代印度数学作全面研究的英国东方学家，英国皇家亚洲学会的创建者之一。

1819年英国数学教师霍纳（1786—1837）在英国皇家学会《哲学汇刊》上发表《连续近似求解任意次数字方程的新方法》。翌年，英国数学家霍德里得出版《解方程简易新法》，作者声称，自己于40年前即已发现书中所介绍的方法。建筑师和数学家尼科尔森（1765—1844）同年出版的《乘方与开方》中亦包含同样的解法。尼科尔森与霍德里得就优先权问题进行了激烈的争论。1839年，德·摩根在实用知识传播会刊物《英国年鉴指南》上介绍了这一方法在英国的历史，并将其归功于霍纳。在同年出版的《便士百科全书》上，他详细介绍了霍纳法。在5年后出版的《便士百科全书补遗》上，他又一次撰写了同一主题。他写道："……优先权要求者做了不公正的尝试。霍纳是一个真正的天才，他们没有任何权利剥夺他的独立发现权。我指的是霍德里得和尼科尔森两位先生，尽管我不认为他们是故意做得不公正。"德·摩根还把霍纳1819年写的论文收入他的算术著作中。1850年，他再次发表了关于霍纳法的评论文章。正是由于德·摩根，"霍纳法"之名得到了确立[1]。

在牛顿、莱布尼茨微积分发明优先权之争的历史研究中，德·摩根完全摒弃了前人的民族偏见，第一个在英国肯定了莱布尼茨作为独立发现者的地位。直到19世纪初，英国人仍认为牛顿是

---

[1] 德·摩根并不知道中国在13世纪就有此法。第一个发现这个史实的是和他同时代的英国来华传教士、著名汉学家伟烈亚力。1852年，伟烈亚力在上海英文周报《北华捷报》上发表《中国科学札记：数学》，向西方介绍了自己的发现。

微积分的唯一发明者，而将莱布尼茨视为剽窃者。在当时英国人心中，牛顿不论在学术上还是在道德品质上都是完美无缺、至高无上的。这在苏格兰物理学家布儒斯特的《牛顿传》(1831)和休厄尔的《归纳科学的历史》中都有充分的反映。布儒斯特的传记是要树立牛顿的天才形象，在他的笔下，牛顿是"谦虚的、坦率的、和蔼可亲的、没有任何怪癖的"，他的缺点是可以忽略的。第一位大胆指出牛顿缺点的是英国皇家天文学会创始人贝里。在1835年出版的天文学家、被德·摩根称为"拥有望远镜的第谷"的弗拉姆斯蒂德传记里，贝里首次披露了牛顿不公正对待弗氏的史实。德·摩根在为奈特《英国名人长廊》撰写的40页的牛顿传中，用相当多的篇幅讨论了牛顿的缺点，指出牛顿对待莱布尼茨、弗拉姆斯蒂德和惠斯顿[1]的不公正做法是他一生中的污点。

德·摩根对英国皇家学会1712年出版的关于微积分发明优先权的仲裁报告《通报》以及其他相关文献进行了仔细研究，获得了重要结果。德·摩根在其研究中力争做到客观公正、不偏不倚。就起草这份报告的委员会委员的组成问题，他为牛顿作了辩护。从公开发表的史料来看，该委员会由6人组成，他们全都是英国人；但牛顿在一封私人信件中却声称它由众多来自不同国家的先生们所组成。而在德国史家看来，不仅这个由清一色的英国人组成的委员会谈不上什么公正，而且牛顿是在撒谎，是在有意引导人们认为它是

---

[1] 惠斯顿于1703年接替牛顿任剑桥大学卢卡斯数学教授，1710年去职。1720年，作为英国皇家学会主席的牛顿反对吸收惠氏为会员。

公正的。然而，德·摩根通过研究未发表的皇家学会会议记录发现：包括英国（原籍法国）数学家棣莫弗在内的另外四人后来的确加入了这个委员会，并引用自己收藏的一部18世纪在法国出版的《棣莫弗传记》从侧面证实此事。

另外，德·摩根对莱布尼茨在微积分上的贡献作了与牛顿同样高度的肯定。他对《通报》的初版和第二版（1725）进行比较研究后发现，该报告原文在再版时至少被增加和改动21处。1712年初版的结论是：牛顿是微积分的第一个发明者，莱布尼茨当然有可能从牛顿的著述中获得某种启发，从而创造了他自己的算法。第二版中新增和改动的内容则加强了语气，使人感到像在指控莱布尼茨剽窃，从而给出了更不公正的结论并由此产生了广泛的社会影响。德·摩根认为，这些增改内容无异于以皇家学会的名义掩盖了事实真相，损害了莱布尼茨的人格形象。

1849年和1850年，汉诺威皇家图书馆收藏的莱布尼茨手稿、牛顿和科茨通信集相继出版，据此德·摩根又一次为莱布尼茨的微积分独立发明权作了辩护。不仅如此，德·摩根还断言：《通报》第二版的前言，以及1714—1715年间皇家学会《哲学汇刊》上所发表的对该报告内容的介绍，其匿名作者不是别人，正是身为皇家学会主席的牛顿本人。这一判断与布儒斯特后来发现的新史料相一致。

文献目录是德·摩根史学研究的另一重要内容。在德·摩根看来，"科学史几乎就是书与手稿的历史"。德·摩根并不是第一个提出这种观点的数学家。早在17世纪，法国著名哲学家和数学家笛卡儿即认为数学史与数学文献的历史是等价的。这与今天史学界所谓"史料即史学"之说是一致的。德·摩根是19世纪英国最著名的书籍爱好者、藏书家和文献学家之一。他的私人图书馆藏有极丰富的数学史图书，其中许多都是珍本。他在《从印刷术发明直到当代的算术著作》中写道："过去的哪怕最无价值的书亦为值得保存的记录。正如一个只有用望远镜才能见到的恒星，由于暗淡而无益于大多数太空研究；但对于知道如何利用它的人来说，它却有助于确定更重要天体的位置。"

德·摩根是旨在出版科学史文献（手稿、珍本等）的科学历史学会的理事之一。该学会由皇家学会会员、著名莎士比亚研究专家哈利韦尔创立于1840年，贝里、皮科克、西尔韦斯特、法拉第、利布里以及法国著名数学家和数学史家沙勒（又译夏莱）[1]等都是它的会员。德·摩根还推荐自己的学生、拜伦之女埃达入会，由此可见他对于这样的科学史组织的热心支持。

1843年，德·摩根在《英国年鉴指南》上发表《数学科学历史参考文献》一文，列出了1530—1830年间的数学、物理学、天文学、哲学、辞典、传记、通信、年表与文献目录等方面的科学

---

[1] 利布里是德·摩根的密友，在利氏受国内指控窃书时，德·摩根为他进行了辩护。德·摩根称沙勒为"唯一法国出生的极少数关注科学史的数学家之一。在科学史方面，他是一位真正博学的人，在原始文献方面，他研究得非常深刻。他的《几何方法的产生和发展历史概述》（1837）不过是他众多贡献之一——他的所有有关著述都使古代几何与算术历史昭然若揭"。德·摩根还认为，沙勒在法国未受应有的评价。沙勒后来还成了伦敦数学会会员。德·摩根对利布里的评价更高。

史文献。鉴于以往的文献目录往往因为编者没有实际见过其中的很多著作而导致混乱，德·摩根在此文中只对他实际阅读过的文献作具体内容介绍，不过这样的文献多达250余则，其中包括海尔布龙纳（1706—1747）、哈顿、比奥、德兰贝尔、伍德豪斯、皮科克、休厄尔和利布里的著作。

1846年，德·摩根出版著名的《从印刷术发明直到当代的算术著作》，列出他实际阅读过的算术著作约400部算术书，书中共提到1580个古今数学家的工作。

德·摩根著作中流传最广的莫过于《悖论汇编》了。此书是历史上数学文献的评论集，每一篇评论都涉及一个悖论，如化圆为方问题、三等分角问题、倍立方问题等。如针对1856年出版的《普通的十进制》一书，德·摩根的评论是："（本书的）主张是要把一切都变成十进制的。一天（现在二十四小时）要变为十小时，一年要变成十个月……幸运的是基督教刚好有十戒，所以不必在这个道德法律上加一条或减一条。但有十二使徒！就算抛开犹大，还有一个使徒难办。作者对此可是不着一字。"针对1848年出版的《相互关联的一系列角的三等分方法》一书，德·摩根的评论是："多年冥思苦想的结果：很可能，很悲哀。"对数学著作如此诙谐而又充满睿智的评论，我们不难理解为什么此书会如此畅销了。书中还包含一些数学史上的名人轶事，诸如瑞士著名数学家欧拉在俄宫廷向法国著名哲学家狄德罗证明上帝存在的故事。美国著名数学史家戴维·史密斯称它"为数学世界令人愉快的思想提供了很多养料"。

四、科学史观

从德·摩根的科学史著述中,我们可以对德·摩根以及他那个时代的科学史观作出透视。

首先,在德·摩根及与他同时代的科学史家看来,科学史研究应服务于并且有益于科学。对于德·摩根来说,研究数学的历史正是为了理解和解释数学的本质。在1865年1月伦敦数学会成立大会的演讲中,德·摩根强调:了解数学史对于进一步做数学研究是绝对必需的。只有通过发现不同数学分支如何发展,数学研究者才能获得正确的数学研究方法。另外,亦可从历史上数学家的成功与失误中吸取经验教训。德·摩根称:"早一些研究数学家的思想使我们能够指出自己的错误;就此而言,注意数学的历史是十分有益的。"德·摩根的这一数学史观和休厄尔的科学史观是一致的。在《归纳科学的历史》的引言里,休厄尔称:"考察前人获得我们现在所拥有的知识财产的步骤,可以为我们未来扩展和完善这些财产提供最佳的方式。"

近一个世纪以后,科学史家兼科学哲学家库恩认为科学不会从科学史上获益多少,声称"在与科学史相关的领域,最不可能受重要影响的就是科学研究本身",但这样的结论似难以被数学家和数学史家所接受。早在18世纪,莱布尼茨就在其《微分学的历史和起源》(1714)中说:"了解重大发现,特别是那些绝非偶然的、经过深思熟虑而得到的重大发现的真正起源,是极为有益的。"19世纪末法国著名数学家普安卡雷说:"要预见数学的未来,正确的途径是研究这门科学的历史和现状。"格雷歇尔则认为:"如果试图把一门学科和它的历史割裂开来,那么我相信,没有哪一门学科比数学的损失更大。"直到今天,科学史与科学之间的纽结并没有因时代变化而解体,当科学史在今天已取得了独立学科的地位,当我们致力于加强科学史与历史文化之间的联结,我们也不能因此忽视科学史与科学之间的关联甚至将这两者对立起来。

其次,在德·摩根看来,科学史绝不只是科学伟人的故事;在科学史研究中,应不迷信权威,重视小人物的研究。正如他从不忽略那些被人们认为不重要的数学文献一样,他也从不忽略对名气较小的科学人物的研究。实际上,德·摩根始终认为,要对科学发展作出正确的评价,大小科学家的工作都是必需的。德·摩根还试图通过对小人物的研究,让读者自己去判断历史是否对他们公正,而那些著名人物是否名副其实。一个典型的例子是他对赖特的研究。与约翰·赫歇尔之父、著名天文学家威廉·赫歇尔(1738—1822)相比,赖特不过是一个名不见经传的人。赖特写过航海和天文学方面的若干著作,其中一本偶然为德·摩根所得。1845年,德·摩根致信约翰·赫歇尔:"数年来我手头有一本名为《宇宙的原始理论或新假设》的书,作者是丢尔哈姆的赖特,1750年出版于伦敦……我发现它详细论述的是银河为可溶解星云的真实理论。"德·摩根意识到赖特的推测先于因发现天王星而一夜之间成名的威廉·赫歇尔的星云研究。他发现赖特著作中总是称行星为"已知行星",表明他意识到还有尚未发现的行星。德·摩根指出赖特的推测"在预言未来结果的大胆而合理的尝试中占有重要地位"。

此外,关于伽利略之前的哥白尼学说的传播历史,德·摩根不但揭示了雷科德(1510？—1558)、斯泰芬(1548—1620)、韦达(1540—1603)等人的鲜为人知的观点,而且还对许多名不见经传的学者的看法进行了研究。德·摩根是最早论述雷科德在数学和天文方面工作的科学史家,指出:雷科德是英国最早信仰日心说的人,也是最早用英语著述算术、几何和天文学,最早把代数学引入英国的学者。

类似地,德·摩根从不放弃对那些被人忽视的领域的研究。前面介绍过的他对古今计数方法的研究只是其中一例而已。在他看来,要全面理解科学的历史,对这些领域的研究同样是至关重要的。

再次,德·摩根将恢复历史本来面目、客观公正地评价历史人物,视为科学史家应有的历史态度。在英国人把牛顿看成科学和人格上完美无缺的典范而加以颂扬时,德·摩根却指出了他的缺点;在英国人对莱布尼茨的一片指责声中,德·摩根却为他进行了强有力的辩护。然而,对德·摩根而言,支持莱布尼茨并非就意味着要贬低牛顿。当牛顿被人误解时,他又利用自己的研究,告诉人们历史的真相。许多学者认为,牛顿荣升造币厂厂长,"与其说与他的引力理论有关,倒不如说与他的漂亮外甥女有关"。牛顿的外甥女叫巴顿(1680—1739),住在他的朋友、赞助人蒙塔古(1661—1715)伯爵家中。但德·摩根通过研究认为,巴顿与蒙塔古伯爵已秘密结婚,时间在蒙塔古升伯爵之前。之所以对这桩婚姻秘而不宣,极可能因为蒙塔古担心巴顿的卑微出身会妨碍自己的前程。德·摩根反对牛顿造币厂与其外甥女有关一说，坚持认为：牛顿在科学上的贡献才是唯一必需的条件，与外甥女有关的任何假设都无从解释牛顿的任职问题。

德·摩根的这一科学史观也体现在他的天文学史研究上。如，针对当时天文学著述中常见的"哥白尼体系"这一术语，他强调指出："哥白尼体系"应该是指哥白尼本人实际传布的体系，而不是开普勒、伽利略、牛顿、哈雷、拉普拉斯等其他天文学家的体系。但天文学著作却常常把开普勒、伽利略、牛顿和哈雷的不少东西混入哥白尼的理论，因而实际上哥白尼被说成了一个远远超出了他自己那个时代的人。德·摩根对此作了澄清，旨在恢复哥白尼的历史真面目。

作为数学家，德·摩根并没有作出特别重大的创造性贡献，但为什么他能对同时代英国的一般数学家和科学家产生那么深远和广泛的影响呢？鲍尔认为，原因不在于他的教授职位，不在于他的数学课本，不在于他的逻辑研究，也不在于他与众多科学学会的联系，而主要在于他的科学史研究与评论，在于他的渴望公正、蔑视虚伪的人格魅力。鲍尔指出：

> 他的算术著作文献目录是这类目录编纂的重要典范，他的关于历法和历书的论文是历史研究的杰出样板；他撰写近六分之一内容的《便士百科全书》的成功多半是由于他的文章；他的《悖论汇编》显示了他的幽默和博学；他

的论文涉猎广泛，吸引了多种兴趣的人们。在所有这些工作中，他将自己置于与读者最亲密的关系之中，如果读者不尊重作者的忠诚与学识，那的确是不领情了。

作为科学史家，德·摩根深深影响了后来的托德亨特、鲍尔等数学史家。他们各自的数学史著作或得益于德·摩根的藏书，或受惠于德·摩根的数学史论著。格雷歇尔对数学史的兴趣一直伴随着他数学研究的始终，且富有研究成果，从他身上我们看到德·摩根在伦敦数学会就职演讲中对数学史意义的论述在会员中所产生的深远影响。德·摩根的论述亦为后来的数学史家所引用，堪称经典。德·摩根的许多研究成果，如"+""−"号历史、微积分发明权等，都为后世的数学史所接受。他的数学文献目录是戴维·史密斯等后世数学史家不可或缺的参考文献。

经过伟烈亚力的介绍，德·摩根的科学史著述还间接地传播到中国。伟烈亚力在《代数学》和《代微积拾级》等译本的序言里，曾介绍代数学和微积分的历史，而德·摩根为《便士百科全书》所撰写的数学史词条，以及其为其他刊物所撰写的许多数学史论文都是伟烈亚力的参考文献。值得注意的是，德·摩根的科学史观在伟烈亚力的著述中也有体现。在《六合丛谈》小引中，伟烈亚力称："疆域虽有攸别，学问要贵相资，圣人不能无力，愚者尚有一得。以中外之大，其所见所知，岂无长短优绌之分哉！"与德·摩根重视小人物的思想相一致。关于微积分历史，伟烈亚力称："奈端、来本之[1]同时各精思造法，未尝相谋相师也。"与德·摩根的观点如出一辙。

今天，科学史学史研究开始受到更多的科学史家的关注。从科学史的史前阶段到今天，科学史研究在形态（问题、方法、研究传统）上已发生了许多重要变化。当我们透过这些变化来感悟学术思想的流变乃至于历史之变迁，我们也不应忘记科学史学史上许许多多的诸如德·摩根这样的思想先驱。

（作者：汪晓勤）

---

1 即牛顿、莱布尼茨。

克拉拉
科学史中一颗延迟闪亮的星

克拉拉·伊默瓦尔
(Clara Immerwahr, 1870—1915)

克拉拉·伊默瓦尔是普鲁士布雷斯劳大学的第一位女博士（1900），专业是化学。如果运气好，她有可能成为居里夫人那样的女科学家。不过她实际从事科学活动的时间很短，刚露头角便无奈退场。在获得博士学位的第二年，她与当时德国的科学新星弗里兹·哈伯（又译为弗里茨·哈贝尔）结婚，成为家庭妇女。作为知名的德国犹太科学家，哈伯一家与爱因斯坦、奥托·哈恩等人有很多私人交往。在以往的科学史中，克拉拉会作为哈伯的妻子被提及，有时有名字，有时没名字。哈伯在1918年因为发明了合成氨法获得了诺贝尔化学奖，而克拉拉在三年前就已经自杀了。在第一次世界大战期间，哈伯积极以科学参战，为德军发明毒气，并亲自去前线指导士兵释放毒气，获得了军方嘉奖。1915年5月1日，哈伯在家中举办了庆功宴。客人散去后，克拉拉与哈伯发生了激烈的争吵。哈伯服安眠药睡去，克拉拉来到花园，用哈伯的手枪打穿了自己的心脏。

此事在当时如同一枚小石子扔进大海，只有几丝涟漪。到了20世纪90年代，涟漪变成巨浪。克拉拉·伊默瓦尔的名字越来越多地出现在德文和英文出版物中，屡屡被科学家、科普作家和科学史家重新提起；她不再作为注脚，而是成为主角，甚至成为电影和戏剧中的角色。克拉拉主要在四个角度下被重新讲述：科学伦理、和平主义、女性科学家、犹太科学家。前两者是特殊视角，后两者是特殊身份。

现在，克拉拉已经成为一个公众形象，被视为女性主义、和平主义和科学伦理的象征。本文首先简要叙述克拉拉的一生，然后叙述她被重新发现、被建构成公众形象的过程。

一、早年求学（1870—1898）

1870年6月21日，克拉拉·伊默瓦尔出生于布雷斯劳的一个中产犹太家庭。她的祖父母经营了一家与皇室有贸易关系的商铺，并在附近的波肯多夫拥有农场，家境优渥。19世纪后半叶，布雷斯劳已经从歌德笔下的脏乱差小镇变成一座商业兴盛、工业繁荣的大城市，成为当时的文化和科学中心，聚集了大量受过良好教育的犹太中产家族。家族之间有着复杂重叠的人际关系网。比如，哈伯曾在化学家乔治·隆格门下求学，而隆格正是克拉拉的父亲菲利普·伊默瓦尔的表兄弟。菲利普还曾师从本生灯的发明者、德国化学家罗伯特·威廉·本生（1811—1899）。在父亲的引导下，克拉拉的兄长保罗进入化学领域，获得柏林大学化学博士学位。

在19世纪末的普鲁士，女性接受高等教育非常困难，从事科学活动更为稀少，其中很多都像克拉拉一样受到了父兄的影响。1890年起，普鲁士才开始设立能够提供中等教育的女子学院；1895年，普鲁士教育部门开始允许大学接受女性作为旁听生进入课堂；1900年，巴登地区的教育机构首次允许女性作为正式学生进入大学。当时社会的主流观念认为，女性天生就是非理性的、无竞争力的，并且是与繁衍相关的；而科学则被看作是理性的、有竞争力的以及创造性的，这些特征都被认为是男性专有的。因此，即使有少数女性突破阻碍进入大学，也会被认为是违反了女性的"自然天性"。为数不多的提供中等教育的女子学校也是为了培育女性的"自然天性"——使其能够成为中产阶级男性的合格伴侣和孩子的合格母亲。1897年，在一份关于如何看待女性从事科学的调查中，四位化学家中有两位表达了委婉的否定意见，而奥斯特瓦尔德（1909年诺贝尔化学奖获得者）则强烈认为，一位女性不可能兼具天生的母性与反本性的科学探索潜质。在1900年之前，普鲁士接受高等教育的女性每年不过几百人，又只有百分之二进入化学领域，克拉拉正是这少数中的少数。

克拉拉与法国物理学家居里夫人是同时代人，有相似的求学坎坷。克拉拉童年生活的地方波肯多夫没有接收女生的学校，她和姐妹只能受教于私人教师。克拉拉早年在家学习时，就表现出了对学习的热情，她"事事好奇，求知若渴，想要成为像她的哥哥保罗那样的人（取得化学博士学位）"。1892年，克拉拉从女子学院毕业。这所学校只为年轻女性提供基本知识，帮助她们实现未来作为妻子、母亲和家庭主妇的"天生职能"。克拉拉不甘于此，继续参加教师研修班，并获得了教学资格。但这仍不能满足大学的入学条件。克拉拉又参加了高强度的私人授课班，努力争取布雷斯劳大学的入学资格。1896年复活节，克拉拉通过了一个由特殊委员会组织的考试，获得了相当于文理高中毕业的文凭，作为旁听生在布雷斯劳大学又学习了两年。1898年，克拉拉最终取得了参加博士资格考试的机会，成为德国第一个通过此项艰难考试的女性，并成为化学家里夏德·阿贝格教授的客座学生。而布雷斯劳大学直到1908年才开始接收女性作为正式学生。

1900年，克拉拉与阿贝格合作发表了她的第一篇学术论文。随后，她在弗里德里希·库斯特教授的实验室中，独立发表了关于铜的电极电势的学术论文，她的实验结果验证了化学界巨头瓦尔特·能斯特、奥斯特瓦尔德和弗里德里希·库斯特等人的预测。文献显示，她利用电动势法检测了汞、铜、铅、镉、锌盐的溶解度，她认为溶解性下降可能是由于电子亲和势的变化，这与阿贝格和波特兰德的合作研究结论一致。在阿贝格的指导下，克拉拉提交了关于金属盐对溶解度影响的博士论文，参加了包含物理、化学、矿物学和哲学的最终考试，并于1900年12月22日在布雷斯劳大学的主会堂通过了博士答辩，获得优等生荣誉。

克拉拉成为布雷斯劳大学史上第一位获得博士学位的女性。当地报纸报道了克拉拉的誓言："绝不在演讲或写作中传授任何有违我信念之事，追求真理并增进科学的荣光至其应得的高处。"在她的诸多传记作者看来，克拉拉终身坚守了这一誓言。

二、婚姻生活（1901—1915）

1900年底，克拉拉博士毕业，进入导师阿贝格的实验室担任助手，虽然没有正式身份，但对当时的女性科学家而言，已经是最好的职位了。居里夫人和稍晚一些的梅耶夫人（1963年获诺贝尔物理学奖)都有过类似的经历。

1901年3月14日,弗里兹·哈伯写信给好友阿贝格,希望他和助手克拉拉来参加德国电化学学会在易北河畔弗赖堡的会议。二人如期到会,克拉拉与哈伯再次相遇。早在1891年,还是学生的哈伯曾在一个舞会上遇到克拉拉,并在不久之后向她求婚,当时克拉拉希望追求学业,拒绝了他。哈伯坦言,在这10年里他想要忘记克拉拉,但却失败了。同年8月3日,两人结婚,克拉拉·伊默瓦尔变成了克拉拉·哈伯,她的有记载的科学生涯很快结束。克拉拉在1909年写给阿贝格的信中说:"我总是认为,只有体验了人类生活所能给予的一切,这种人生才是值得过的。正是这个动机而非其他原因,使我那时决定结婚,若不这样,我的人生之书的新篇章以及我灵魂的合唱都将瓦解与荒芜。"

一开始,两人的婚姻十分幸福,哈伯曾在信中说他们就像"童话里的王子和公主沉湎于梦境中"。然而,在1902年6月1日他们的儿子赫尔曼出生之后,两人很快就发生了激烈的冲突。体弱多病的儿子占用了克拉拉大量的时间,哈伯则沉浸于科学研究和社交活动中。在赫尔曼只有几周大的时候,哈伯就为了科学仪器前往美国三个月。克拉拉抱怨:"弗里兹太忙了,要不是我每次把儿子带过去一会儿,他都不知道自己是一个父亲。"

哈伯在科学事业上顺风顺水,克拉拉则逐渐成为纯粹的"家庭主妇和母亲"。哈伯的朋友说:"每当他(哈伯)非常疲惫地回到家时,他的妻子做的第一件事就是跟他说家务事上的问题以及对儿子的担心,他有时会非常不耐烦。"作为家庭主妇,克拉拉也为经济负担而烦恼。哈伯需要与上流社会开展社交活动，然而他们负担不起这样的开销。她在1901年写给阿贝格的信中提到，她继续科学事业的梦想，只有等到他们成为百万富翁，身边都是仆人时才能实现。哈伯家后来确实富裕了起来，但克拉拉却再没能回到实验室。

婚后，克拉拉没有再发表任何学术论文，只参与了少量的学术活动。在结婚初期，她参加了当地化学协会举办的活动，给妇女组织作了关于"家庭中的化学和物理"的讲座；她翻译了几篇学术论文，从英文到德文，一篇是利物浦大学巴利教授的关于几何和立体异构体的理论，另一篇是利物浦马斯普拉特实验室的斯莱德的关于铝酸钠是一种单基酸盐和发现溶度积的论文。此外，她还将哈伯的教科书译成英文，在这部《气体反应热力学》的扉页，哈伯将这本书"献给挚爱的妻子，克拉拉·哈伯博士，感谢她无声的合作"。哈伯的传记作家莫里斯·戈兰认为，克拉拉不只做了翻译的工作，她还帮助计算与验证数据。

1907年，克拉拉本想参加在英国的学术会议，却由于患白喉无法成行。她在给阿贝格的信中说："我宁可写十篇毕业论文也不愿忍受这个痛苦。"让她痛苦的不仅是与科学事业的分离，还有婚姻的苦涩。她在1909年的信中表达了对哈伯的不满：

每个人都有权利过自己的生活，但并没有权利在培养怪癖的同时还高高在上，蔑视所有人，在正常生活中，我认为即使是一个天才也不应有这样的行为，除非他独自一人在一个废弃的小岛上。

弗里兹在这八年来得到的,我已经失去了,甚至那些留给我的,全是最强烈的不满。

婚姻给我的鼓舞只是维持了短暂的一点时间,主要原因就是弗里兹压迫式地将他自己放置在家庭和婚姻的首位,这样一个不那么无情的、自主的个性就这样被摧毁了。

然而,对于哈伯而言,他只想要一个传统的、能全心全意投入家庭的普鲁士妇女,而非一个女化学家,因此他对克拉拉的不满感到困惑。哈伯的友人马克斯·迈尔回忆道,他曾和哈伯边走边聊,哈伯说:"女人对我而言就像可爱的蝴蝶,我欣赏她们的颜色与光泽,这就够了。"两人的分歧使他们最终没有成为像居里夫妇那样的模范科学夫妻。

三、终结生命（1915）

1914年,第一次世界大战爆发,哈伯和他的实验室转而为战争服务。怎么样把化学变成武器?最直接的方式就是发明毒气。哈伯参与了能斯特与军方的合作实验。最初他们设想在普通子弹或炮弹中装入刺激性物质,并在当年秋天投入了实验。能斯特提出的邻联茴香胺氯磺和二甲苯基溴效果俱不佳,哈伯则提出使用二甲苯和溶剂油解决这个问题,从而接替了能斯特的位置。哈伯提出一个设想,在普通子弹或炮弹中装入刺激性物质,并建议使用氯气。氯气是一种黄绿色气体,比空气重,会使人失明,会导致剧烈的咳嗽，会腐蚀眼、鼻、口、舌和肺；最后使吸入这种气体的人窒息而死。哈伯提议，如果顺风将它吹到敌人防线，它们就能沉入敌方壕沟之中，使士兵逃离壕沟跑到开阔地带，就能轻而易举地消灭他们。

1915年1月底，在哈伯的领导下，相关的初步实验完成。当时，德国已经加入禁止毒气弹的国际公约。德军总参谋长找到了公约中的一个小漏洞，公约禁止的是发射出去的装着毒气的炮弹，于是德军使用不用发射的远距离释放毒气的钢筒。1915年4月11日，哈伯的特种部队在距离比利时海岸32千米的伊普尔前线安装了5730枚毒气筒，它们能沿6.5千米长的战线释放150吨氯气。4月14日，统帅部第一次下达了使用毒气的指令，但随后连续取消了3次命令，最后在4月22日，毒气战正式打响。毒气在几分钟内就吞没了处在前线和补给线上的法国-阿尔及利亚士兵，士兵狂咳不已。没有窒息的士兵则四处逃窜，但毒气仍紧跟着他们。战线崩溃了。毒气使协约国军队伤亡人数达到1.5万人，其中5000人丧生。德国新闻报纸大为称赞。依照惯例，犹太人不能做军官，但哈伯被德皇破格授予陆军上尉军衔。

克拉拉的态度则截然相反，她激烈地反对将科学用于大规模杀戮。她指责哈伯的工作是"野蛮的象征，败坏了本应给我们的生活带来新境界的（科学的）根本原则"，并斥责化学战是"对科学理想的扭曲"。她以人类的同情心与良知之名请求她的丈夫哈伯放弃毒气开发，然而哈伯态度坚定，即使他本人对毒气的用途抱有反感。在开发化学武器的实验中，实验动物必须快速地暴露在路易斯毒气、芥子气、二氧化碳酰和氯气下。克拉拉目睹了实验动物的惨状。根据她的表弟保罗·克拉萨的回忆,在克拉拉自杀的前几天,她曾来拜访过他的妻子,克拉拉"因为毒气战争的可怕结果而感到深深绝望,因为她已经看到了准备工作中对那些动物的实验了"。一位哈伯的毒气研发组的成员曾形容克拉拉是"一个神经质的妇人,激烈地反对哈伯跟着新的毒气部队去往前沿阵地"。

为了庆祝化学武器的成功,1915 年 5 月 1 日,弗里兹·哈伯在家中举行了晚宴,克拉拉的生命到了终点。

关于克拉拉的最后时刻,目前普遍接受的说法是这样的。那天晚上,宴会结束后,克拉拉与哈伯发生了激烈的争吵,哈伯坚定地认为他的爱国责任在战时应优先于一切反对意见。后来,哈伯服用了一些安眠药就寝,克拉拉则来到桌前写下了诀别书。她拿出哈伯的手枪,来到花园,第一枪射向空中,第二枪打中了自己的胸口。他们 13 岁的儿子赫尔曼闻声赶来时,克拉拉尚有一丝气息。最终,她死在儿子的臂膀里。次日,哈伯依旧前往前线督战,留下年幼的儿子处理后事。1915 年 5 月 8 日,当地报纸刊登了克拉拉的讣告,并称"这位不快的女人自杀的原因未知"。20 世纪 30 年代,赫尔曼移居美国,也以自杀了结生命,按照苏珊·梅切尔的说法,他无法承受父亲当年的行为。

四、克拉拉的新生与形象建构

克拉拉的自杀在当时没有产生什么影响,战争依然进行,哈伯在第二天就前往东部前线。两年后的 1917 年，哈伯与夏洛特·内森结婚，育有一子一女，这场婚姻延续了 10 年。一战结束后，1919 年，哈伯与能斯特曾被协约国列为战犯，哈伯逃到瑞士，获得瑞士国籍。几个月后，协约国撤销了对他的引渡要求，哈伯回到德国，违背《凡尔赛和约》，继续秘密研制毒气。1933 年，纳粹上台，尽管哈伯努力向纳粹示好，但作为犹太后裔，仍然不能为纳粹所容。哈伯逃到英国，受到了剑桥化学家威廉·波普的善待。1934 年 1 月，哈伯在瑞士旅行期间心脏病发作而死。按照他的遗嘱，他与克拉拉合葬在瑞士巴塞尔。9 年后，1943 年，纳粹在奥斯威辛等集中营使用一种名为 Zyklon B 的毒气屠杀犹太人，这种毒气是哈伯在 1919 年发明的，其最初的目的是作为杀虫剂。

  二战后，虽然哈伯受到很多非议，但是作为优秀的科学家，他在德国仍然有很高的声望。他曾经任职首任所长的凯撒·威廉物理化学和电化学研究所改名为弗里兹·哈伯研究所，后并入马克斯·普朗克科学促进学会（简称马普学会）。而克拉拉则被世人暂时遗忘。

  关于克拉拉的资料都是零散的、破碎的，克拉拉今天的形象是由后人逐渐拼凑起来、建构起来的。

  1967 年，莫里斯·戈兰出版了哈伯传记《哈伯的故事》，其中有大量关于克拉拉的内容，并首次提到她的自杀。虽然只有寥寥一句，但第一次建立起了克拉拉与反对化学武器的联系。

  1985 年，克拉拉的角色出现在话剧《爱因斯坦计划》中，作为哈伯研发化学武器的反对者与爱因斯坦反思科学的象征，出现在最后一幕。

1992 年，英国著名诗人、戏剧家托尼·哈里森所写戏剧《方的圆》在英国国家剧院最大的舞台奥利维尔舞台上演，克拉拉是主要的女性角色之一。

在这两部戏剧中，克拉拉都具有科学伦理、和平主义和女性主义的形象。克拉拉开始成为公众人物。

20 世纪 90 年代初期，马普学会保留的哈伯档案开放，克拉拉的书信也在其中。

1993 年，格瑞特·冯·莱特纳女士出版了《克拉拉·伊默瓦尔，为了人性科学的一生》。这是克拉拉的第一部传记。克拉拉成为主角，不再是哈伯的注脚。冯·莱特纳利用了马普学会的档案，采访了知情人及他们的后代，讲述了一个完整的克拉拉的故事，提供了一个丰满的克拉拉的形象，为此后通俗文章和影视作品提供了细节。冯·莱特纳是著名德国作家、广播电视制作人。该书由德国贝克出版社出版后，立即产生极大反响，获得了 1994 年的杰出图书奖。

此后，介绍克拉拉和研究克拉拉的文章逐渐增多。

1996 年，美国维拉诺瓦大学的杰弗里·艾伦·约翰逊在《人文》上发表《毒气背后的科学家：哈伯家的悲剧》，提出克拉拉的两大悲剧：1. 女性角色对科学事业的阻碍；2. 目睹丈夫从造福人类转向服务战争。

1998 年，英国化学家、1962 年诺贝尔奖获得者马克斯·佩鲁茨撰写长文讨论哈伯的一生功过，其中关于克拉拉及其自杀的部分，主要文献依据是冯·莱特纳写的关于克拉拉的传记。

在 2011 年国际化学年和 2014 年一战百年纪念中，克拉拉受到了更多的关注。

2012 年，美国化学学会会员、芝加哥大学的苏珊·梅切尔博士在德国《无机与普通化学杂志》发表文章，称克拉拉的悲剧来自作为化学家与公民的两难。值得一提的是，百年前克拉拉也曾在这一杂志上发表她的学术成果。

2014 年的戏剧《禁区》和《佐默 14：死亡之舞》都有克拉拉的角色出场；同年，德国全国性公共电视台一台播出了关于克拉拉的电视剧、电影。

2015 年，德国化学学会理事沃尔弗拉姆·科赫撰写文章，以克拉拉为案例，讨论化学与伦理。印度国家科学博物馆教育官员查托帕迪亚雅在一种大众读物上介绍克拉拉，称她为"科学中未被赞扬的女英雄"。

2016 年，《无机与普通化学杂志》再一次发表关于克拉拉的研究文章，作者是马普学会弗里兹·哈伯研究所分子物理系的布热季斯拉夫·弗里德里希和科学史研究所的迪特尔·霍夫曼。这篇文章对克拉拉的自杀动机提出了异议。2017 年和 2019 年，两人又合作发表文章，讨论了克拉拉的科学贡献和她的形象建构起源。

那一夜究竟发生了什么，恐怕已经永远沉没在历史的深海中了。克拉拉没有留下遗嘱，阐述自杀动机。冯·莱特纳说，宴会当晚克拉拉花费了数小时写信，但后人并没有发现任何一封，冯·莱特纳认为是被哈伯销毁了。现在克拉拉的公众形象主要是根据戈兰的哈伯传记和冯·莱特纳的克拉拉传记建构起来的。他们的依据是克拉拉留下来的书信、哈伯家亲友的回忆以及熟人之间议论此事的书信。与哈伯一家相熟的詹姆斯·弗兰克说："克拉拉是一个想要改变世界的好人。她的丈夫牵涉进毒气战争的事实确实导致了她的自杀。"詹姆斯·弗兰克还认为，哈伯实验室中的大部分科学家都有类似的看法。

近年来，对此再次提出异议的是马普学会的布热季斯拉夫·弗里德里希和迪特尔·霍夫曼。他们的文章《克拉拉·哈伯－伊默瓦尔：生活、工作与传奇》（此书名冠夫姓）介绍了克拉拉的生平，并着重讨论了克拉拉的自杀原因。他们做了如下归纳，支持克拉拉是因为她反对哈伯开发化学武器而自杀的观点和证据有四个：克拉拉的表弟保罗·克拉萨（1957）、哈伯家的朋友詹姆斯·弗兰克（1958）、哈伯的传记作者莫里斯·戈兰（1967）以及克拉拉的传记作者格瑞特·冯·莱特纳（1993）；暗示克拉拉是由于个人因素或抑郁症而自杀的证据和观点有九个：克拉拉写给阿贝格的信（1909）、克拉拉写给田丸节郎的信（1915）、埃迪特·哈恩写给奥托·哈恩的信（1915）、莉泽·迈特纳写给奥托·哈恩的信（1915）以及奥托·卢米茨希（1955）、阿德尔海德·诺亚克（1959）、赫尔曼·吕特格（1958）、哈伯的第二任妻子夏洛特·哈伯（1970）和安格莉卡·埃宾豪斯（1993）的观点。最后，他们认为，克拉拉的自杀是由多重原因造成的，而并不是如广泛流传的说法，只是为了反对哈伯研发化学武器。

布热季斯拉夫·弗里德里希与迪特尔·霍夫曼还对前者进行

了批评，比如，莫里斯·戈兰在哈伯传记中说，克拉拉指责哈伯是"科学的扭曲"与"野蛮的象征"，但是没有出处，所以这不能视为克拉拉的原话，而更可能是戈兰本人的话，但是又被冯·莱特纳夸大渲染了。他们还认为冯·莱特纳对证据有断章取义之嫌。例如，关于保罗·克拉萨对克拉拉指责动物实验的回忆，他们发现实际上克拉萨对此还有所补充，认为其他因素也导致了克拉拉的自杀，而冯·莱特纳并未引用。同样，对詹姆斯·弗兰克的话，冯·莱特纳也选择性地忽略了詹姆斯·弗兰克的补充："（哈伯）花费了巨大的精力来调和他和克拉拉之间关于政治和人类的观点。"

二人还列举了一些其他证据，证明克拉拉的自杀有可能是出于她的情感生活或是抑郁症。据克拉拉的外甥女阿德尔海德·诺亚克回忆，克拉拉害怕任何与性有关的事，在1902年（即结婚一年）就与哈伯分房而眠，这个说法在哈伯的第二任妻子夏洛特·哈伯的回忆中得到支持。而1998年的哈伯传记作者玛吉特·瑟勒希－扬瑟倾向认为，克拉拉自杀的真正动机在于她发现了哈伯出轨夏洛特，这一观点在伊迪丝·哈恩写给她丈夫奥托·哈恩和莉泽·迈特纳写给奥托·哈恩的信中得到了间接支持。他们还认为，阿贝格和奥托·萨克尔的意外身亡也是导致她抑郁的可能原因。1910年，克拉拉的博士导师、挚友，也是她一直以来与科学的联系媒介阿贝格，在一场热气球空难中意外丧生。1914年，克拉拉目睹她的博士答辩助手、好友奥托·萨克尔，在哈伯开发化学武器的试验中死于试验爆炸。并且，他们认为，克拉拉在回复哈伯的前合作者田丸节郎的信中体现的都是对个人生活而非世界秩序或其他更大事物的关心，这与她作为和平主义者的形象有所出入。

当然，这个异议不能消解克拉拉的公众形象。两位马普学会的作者虽然做了很多历史梳理，但其结论并非不可商榷。自杀是一个激烈的事件，或由于长期积郁，或由于一时激愤，或兼具两者。如果是一时激愤，则以克拉拉自杀的时间点，兼之平时的某些言论和行为，将其阐释为抗议哈伯以化学为杀人武器，并无不妥；如果是前者，长期抑郁直至自杀，有多重因素，两位作者所提出的各种可能性，诸如婚姻不幸、丈夫出轨、友人去世等，都可能是多重因素之一，它们与抗议化学武器这重因素，并不是相互冲突、非此即彼的关系。两位作者的贡献在于对史料进行了梳理，但是他们的解释方案并不可取。

冯·莱特纳在传记出版之后也收到了类似的反馈意见。本文作者在写作的过程中，辗转与冯·莱特纳女士取得了联络。她表示，她在为克拉拉写传记的过程中，哈伯的很多故人和学生并不愿意提供帮助。他们站在哈伯的立场上，不愿提及克拉拉。而马普学会的两位作者之中，恰恰有一位就工作在哈伯研究所。这个身份是否会对他们的学术结论产生影响，也是值得讨论的。

五、结语

克拉拉尚未引起国内同行的重视，迄今为止，中文世界对于克拉拉的描述是可数的，可穷尽的。根据本文作者的检索，仅有如下几项：

最早一篇是生物学家马克斯·佩鲁茨的《真该早些惹怒你》的中译本，该书第一章主要讲述的是哈伯的工作，但是比较详细地介绍了克拉拉及其自杀。该书由上海科技出版社2004年1月出版，名列当年《中华读书报》年度十大科技图书。不过，在各种对此书的介绍中，无人提到克拉拉。此书初印数仅3100册，未见再版。本文作者直到撰写本文时，才发现已有中译本。马克斯·佩鲁茨也采纳了主流观点。

本文作者之一曾在2008年的一篇学术随笔中附带讲述了克拉拉的故事，并附照片。其线索有二，一为约翰·麦克尼尔的环境史名著《阳光下的新事物》(2001)，一为迈克尔·波伦的食品人类学著作《杂食者的两难》(2006)，两部著作都用一两行字说到了哈伯妻子的自杀，并且都没有提到这位妻子的名字。

2007年，台北医科大学林佳谷与陈叡瑜在《善待氮气：哈伯氮肥，氮循环与氮反扑》中曾提及克拉拉自杀，但是在克拉拉的自杀时间上采用了不同的说法："(毒气)释放的前一个晚上，哈伯的妻子依茉娃(克拉拉)自杀了。"2009年，西华师范大学张清建在文章《弗里兹·哈伯：一代物理化学巨匠》中有此一句："克拉娜(克拉拉)一心支持丈夫的科学事业。对哈伯卷入毒气战，竭力劝阻和反对，但毫无效果。1915年5月2日晚，克拉娜(克拉拉)用哈伯的手枪，自杀身亡。"但未标注文献，所据不详。

尽管存在异议，克拉拉在今天的形象已经被充分地建构起来了：一位意志决绝、勇于突破性别不公的女性；一位被家庭与大男子主义阻碍了科学事业的女性；一位为了科学理想与和平正义牺牲生命的女性。这样一位人物的前世今生是表达女性主义诉求的极佳案例。第二波女性主义浪潮对女性平等的诉求可以追溯到19世纪的女性主义运动，而克拉拉在19世纪末20世纪初活过的前世，与她在20世纪末21世纪初重现的今生，一面是她那个时代的女性的困顿，一面是后世女性为求认可而付出的努力，如同桥梁的倒影，展现了跨越百年的女性奋斗图景。

二战之后，科学的形象也发生了变化，各种理论对科学的价值进行了反思。她的悲剧性自杀使其成为反战主义、和平主义的形象代表，成为"好科学"的象征。哈伯的毒气研发是科学伦理的典型案例，也被认为是比曼哈顿计划更早的"大科学"活动。

随着科学观的变化，科学史也出现了新的写法。历史学家、科学史家的目光从哈伯这样的大人物，转向了克拉拉这样的小人物，小人物变成了大人物。

1991年，诺贝尔和平奖得主国际防止核战争医生组织设立了克拉拉·伊默瓦尔奖；2000年，杜特蒙德大学以克拉拉的名字命名了一个专门为女性开设的学术辅导工程；2006年，并入马普学会的弗里兹·哈伯研究所在其机构内为克拉拉建造了一个纪念性建筑；2011年，跨学科研究网络组织UniCat为鼓励年轻女化学家，设立了奖金为15000欧元的克拉拉·伊默瓦尔奖。

克拉拉从科学史的深海中逐渐升起，从默默无闻，从哈伯的注脚，成为一颗闪亮的新星。克拉拉的声望不是来自她的科学成就，而是来自她对科学的态度和她决绝的行动。她的科学成就在今天已经不足一提，她对她的科学观也未有过系统的正式的著述，这使得克拉拉更具有象征意味。克拉拉的故事成为战后多种社会思潮的载体,被一再讲述。克拉拉·伊默瓦尔的思想是后人梳理出来的,她的形象是后人建构出来的。这个建构反映了女性主义、和平主义以及反科学主义的时代思潮,同时也是这些思潮的一部分。

(作者:傅梦嫄　田　松)

希 思

科学史研究的先驱

托马斯·利特尔·希思
(Thomas Little Heath, 1861—1940)

100多年以前，两位西方学者先后完成了两件划时代的工作：丹麦古典语言学家和科学史家海贝尔分别用希腊文和德文发表阿基米德的《方法》，使文艺复兴时期数学家们无限神往的思想大白于天下；英国科学史家希思出版《几何原本》的英译本，成为这部已有无数版本的经典著作的最佳版本。对于数学历史来说，100年也许是短暂的，但对于我们每一代人来说，100年足以使我们遗忘那些曾经为丰富人类文化做出过重要贡献的先哲们。

但我们没有理由遗忘。如果没有海贝尔，没有希思，没有那些终生辛勤耕耘的先哲们，我们对希腊数学能知道多少呢？

令人惊讶的是，早期的科学史家极少以科学史为其"主业"。以数学史为例，沙勒、利布里、德·摩根、奥尔曼、汉克尔、康托尔、布劳恩米尔等都是大学数学教授，海贝尔是大学古典语言学教授，塔内里则与大学无缘，终生任职于法国烟草专卖局。希思也不例外，尽管他蜚声学术界，成为科学史学科创始人萨顿所推崇的六位科学史先驱者之一，但他的一生却几乎都是在英国政府部门度过的。在萨顿看来，希思等先驱者的人生足以回答这样的问题：科学史家是什么样的人？他们该做些什么样的事情？

一、学生时代

1861年10月5日，托马斯·利特尔·希思出生于英国林肯郡乌尔策比地区一个普通的农民家庭，父亲塞缪尔·希思和母亲玛丽·利特尔都是林肯郡的农民。塞缪尔和玛丽有六个子女，三儿三女，希思是家中的第三子。六个孩子在音乐和文学上都极具天赋。托马斯·利特尔·希思以外祖父托马斯·利特尔的名字命名。父亲塞缪尔爱好古典文学，希思继承了这个爱好。塞缪尔十分重视孩子们的教育，这一点从三兄弟的成长历程就可以看出。

长子约瑟夫·利特尔·希思于1873年进剑桥大学圣约翰学院学习，1877年以数学学位考试第十名的优异成绩毕业，不久成为圣约翰学院的研究员。次子罗伯特·塞缪尔·希思于1877年获奖学金进剑桥大学三一学院学习，1881年以数学学位考试第二名的优异成绩毕业，两年后成为三一学院研究员，后来是英国伯明翰大学梅逊学院的数学教授和院长。

希思与两位兄长一样，先是在凯斯特文法学校接受教育。他们通常于星期六下午步行15英里回乌尔策比度周末，星期一早晨再赶回学校上课。据他们的同学回忆，三兄弟一路上个个都要边走边朗诵课文。文法学校校长安东尼·鲍尔曾就读于剑桥大学圣约翰学院，并获研究员职位，但他因婚事而放弃了这个珍贵的职位，之后被任命为凯斯特文法学校校长。鲍尔是一位很有造诣的数学教师，同时代英国数学家托德亨特（1820—1884）在其《代数》（1862）中即收录了由他提供的方程及其解答。常常是六七个学生围坐在鲍尔的桌子旁，朗读拉丁文和希腊文，而其他孩子则在稍远处自由地玩拼字游戏。

希思兄弟在凯斯特文法学校的校友纽博尔特（1863—1940）爵士在《苦工日记》中记录了那段美好的时光。书中描述鲍尔校长的一个习惯，就是要求学生背诵英国湖畔派诗人骚塞的《洛德大瀑布》。骚塞运用拟声手法对大瀑布进行绘声绘色的描写，令人叹为观止。全诗共 120 行。对于背出全诗的学生，鲍尔校长总会给予 5 先令的奖励。希思一字不误地背出了这首诗，可校长对他却没有履行诺言。

1875 年，14 岁的希思从凯斯特文法学校毕业，并获奖学金进入布里斯托尔的克利夫顿学院学习。克利夫顿学院创建于 1862 年，首任校长为珀西瓦尔（1834—1918）。珀西瓦尔毕业于牛津大学女王学院，在古典学和数学上取得优异成绩，1858 年被选为该学院的研究员。离开克利夫顿学院后，相继担任牛津大学三一学院的院长（1879）、拉格比学校校长（1887）和赫里福德主教（1895）。希思攻读古典学和数学，深受珀西瓦尔的影响。

1879 年，希思获得奖学金，进入剑桥大学三一学院学习，翌年成为该学院的基金资助学者，攻读古典学和数学。当时的三一学院可谓群英荟萃，希腊语学家汤普森、拉丁语学者芒罗和古典学家杰克逊、数学家格莱舍（1848—1928）等都是希思的楷模；年纪比希思稍长的数学家詹姆斯·高是希思的引路人；二哥罗伯特的同窗好友、日后成为著名数学家的福赛思是希思的学长；一批青年才俊，如日后成为古典学者的怀斯、成为天文学和地球物理学家的特纳、成为神经学家的黑德爵士以及成为数学家的怀特海等等，都是希思的同窗。

在剑桥，希思勤奋好学，博览群书，手不释卷。据福赛思回忆，希思平时从不参加大学生的体育活动，不划船，不打球，但他坚持每天步行。他从不参加学生社团活动，但他酷爱音乐，尤其是勃拉姆斯、舒伯特、巴赫和贝多芬的作品。他从小就弹得一手好钢琴。他和哥哥以及包括福赛思在内的几个朋友每周都有两三次的饭后小型聚会，希思兄弟常常弹奏巴赫的赋格曲和贝多芬的奏鸣曲。

1881—1882年，剑桥大学首次将学位荣誉考试分成两部分。希思分别于1881年和1883年获得古典学学位考试第一部分和第二部分的优等。1882年，他获得数学学位考试第一部分的优等，排名第十二。由于同时在两门学位考试中获得三个优等，他被三一学院授予兰厄姆奖章[1]和奖金。据说，希思是剑桥大学改革学位考试之后唯一一名同时在古典学和数学的学位考试中荣获优等的学生。一位朋友如是说："即便有彻罗基语（一种印第安语）这样的课程，他也能名列前茅的！"1883年，希思获文学学士学位。1885年，他当选为三一学院研究员，1886年获文学硕士学位，1896年获理学博士学位。

除了希腊语和拉丁语，希思还精通法语、德语和意大利语，这为他日后从事希腊数学史研究奠定了坚实的基础。

---

1 三一学院于1842年设立该奖，以著名古典学者、作家、会吏总兰厄姆命名。

二、职业生涯

19世纪40年代，英国政府机构混乱，官员玩忽职守，素质每况愈下，腐败风气盛行。1855年，两次鸦片战争时期侵华政策的制订者、首相巴麦尊（1784—1865）以枢密院的名义颁布关于文官制度改革的正式法令，开始淘汰冗员。1870年，格拉斯顿首相（1809—1898）颁布第二个枢密院法令，确定公平竞争原则。其中文官分为高级和低级两类。高级文官要求从牛津、剑桥等一流大学中招收。1884年，正在等候三一学院研究员职位的希思参加了政府公务员选拔考试，并以第一名的优异成绩被录用，成为英国财政部的一名职员。但他并未放弃申请三一学院研究员职位。当时三一学院实施了新规定，研究员候选人必须提交一篇高水平的学术论文。希思发挥了他的古典语言和数学的双重特长，以《亚历山大的丢番图：希腊代数学史研究》一文于翌年成功当选研究员。

1887—1891年，他担任财政部常任秘书韦尔比爵士（后为勋爵）的私人秘书。此后3年间，他相继担任财政大臣戈斯特爵士和希伯特爵士的私人秘书。1901年，他成了财政部的最高职员。1907年，被任命为财政大臣助理。

1913年，希思与布拉德伯里爵士（后为勋爵）共同被任命为财政部常任秘书，希思分管行政管理工作，同时还兼任王室费审计员，布拉德伯里则分管财政工作。1916年，又增加了一位常任秘书，即查默斯爵士（后为勋爵）。查默斯毕业于牛津大学奥列尔学院，比希思早两年进财政部，早在 1911 年就被任命为常任秘书和王室费审计员，但两年后去锡兰（今斯里兰卡）任总督，1916 年重新回财政部。查默斯在公务之余，潜心钻研巴利文，早在去锡兰之前，就已经是一位著名的巴利文学者了。他曾说，每个人都应该骑并行不悖的两匹马，一匹为他的职业，另一匹为他的某种学术爱好，这种爱好能使他晚年从工作和职业的压力中解脱出来。在任剑桥大学彼得学院院长期间，查默斯曾不止一次地向即将成为公务员的学生提出这样的建议。看来，希思和查默斯不谋而合。1919 年，希思因筹办国家债务部而离开财政部，担任国家债务部的总审计长，直至 1926 年退休。

希思是典型的旧式公务员，勤勤恳恳，一丝不苟。《泰晤士报》在讣告中告诉我们："希思是旧式公务员中的优秀典范。他的果敢和诚实是毋庸置疑的，他的技术是完美无缺的；但或许他的头脑难以转过弯来适应 1914—1918 年间的社会环境，正是这种环境打乱了文职人员的原有观念，希思也不例外。"他从不迎合权贵，总是公正、严谨地执行公务。只要他决定做的事情，从来不会半途而废，正如他一旦开始阅读斯宾塞（约 1552—1599）的长篇史诗《仙后》，就一定会坚持读完它一样。他不善于接受新事物，曾反对女性上班，反对安装电话，反对口头陈述。他还削减政府财政预算。他的数学思想也主导着他的行政管理，如他曾按照两个非洲殖民地面积的大小比例，来划拨每个殖民地所需的补助金。希思于 1903 年被授予英国皇家最低级巴思爵士，1909 年被授予高级巴思勋爵士，7 年后又被授予英国皇家高级维多利亚勋爵士。由此可见，尽管希思很保守，但他的政绩依然受到英国政府的认可。

除了政府部门的职务，希思还担任了其他社会工作。1923 年，英国议会通过了牛津大学和剑桥大学法案，要求两校各成立专门委员会，负责制定学校的规章制度。希思被任命为剑桥大学专门委员会的成员。

希思直到 53 岁才结婚。出于对音乐的热爱，他选择音乐家玛丽作为自己的人生伴侣。玛丽先在伦敦的皇家音乐学院学习，后来到维也纳师从莱谢蒂茨基。莱谢蒂茨基是车尔尼的学生，而车尔尼则是贝多芬的弟子。希思夫妇育有一儿一女，两个孩子都继承了父母高雅的艺术气质，在同龄人中出类拔萃。希思退休 10 年之后的 1936 年，他们的女儿韦罗尼卡 22 岁，在牛津大学读法学。当时，比她小两岁的弟弟杰弗里也已获得奖学金准备进入剑桥大学三一学院学习古典学。

在财政部度过大半生，希思亲历了它的变迁。退休一年后，他写了一本很有趣的书，名为《财政部》。该书从诺尔曼时代财务署开始一直写到财政体系的发展壮大和现今财政部的职能。它描述了日常事务的很多细节，上至财政大臣，下至普通职员。希思曾表示："对大众而言，财政部这个主题较为陌生；不得不承认，我曾一度羡慕已故的一些同事把各个部门编织成浪漫的情感故事……在这种情况下，我尽全力搜集素材，通过故事的多样化来尽量避免枯燥乏味。"《财政部》一书写得幽默诙谐，与希思的学术著作在风格上全然不同。实际上，希思生性幽默，他能把欧·亨利的短篇小说讲得让听众笑出眼泪。

也许人们会说：希思在公务之余潜心学术，焚膏继晷，皓首穷经，生活一定单调乏味。但事实并非如此。他的生活中从不缺乏音乐。他家有一间很大的工作室，既是书房，又是琴房；既有"案牍之劳形"，也有"丝竹之乱耳"。如果写累了，或遇到困难写不下去了，他就弹一会儿琴，直到困难消除。难怪妻子玛丽会说，音乐是希思解决写作中所遇困难的工具。然而，一旦沉浸在音乐中，他又常常会忘记周围的一切。有一次，他在弹巴赫的作品时，煤油灯坏了，房间里顿时烟雾弥漫，他对此竟浑然不知！妻子玛丽曾经回忆她和先生在牛津大学的一次短访：

在托马斯·凯斯[1]任院长期间，我们曾短访过基督圣体学院，在那里我有一次难忘的经历。我参加巴利奥尔周日音乐会后早早回来，发现院长和我先生一起正在烛光下无拘无束地用极强音合奏海顿的交响曲。即使是像我这样的专业钢琴家，在我的听力范围内，也无法排斥这样的纵情！

希思还喜欢旅行，每逢短假，就去游历法国各地，不落下一个小镇和一个景点。他收集了数以千计的风景明信片。他也去德国、意大利旅行。1899—1913 年间，希思几乎每年都去奥地利的蒂罗尔

---

[1] 托马斯·凯斯是牛津大学基督圣体学院哲学教授，同时也是很有造诣的音乐家，他还精通建筑学和古代史。

度暑假。在那里，他随向导攀登著名山峰。他是第一个登上位于科尔蒂纳山脉南面的菲安姆斯峰的人，他也是第二个登上多罗米特山脉多座险峻高峰的人。70岁那年，他登上了50年以前曾经登过的维尔德峰。

希思身体健壮，精力充沛，极少患病。直到1939年春，他得了流感和急性肺炎。康复后，他离开了伦敦，来到了阿什蒂德的一座乡间别墅。他本该好好享受宁静的田园生活，但他脑袋里仍装着亚里士多德的数学，他又开始和以往一样勤奋工作。然而，好景不长，二战爆发了，悲观和忧郁的情绪时时笼罩着他。他再也无力承受战争带来的精神打击，他失去了力量，同时也失去了信心，最终面对中风变得不堪一击。

三、学术成就

在19世纪的英国，有许多像查默斯所说的"骑两匹马"的人。数学家凯莱多年来一直是业务繁忙的伦敦律师，在此期间他完成了大部分优秀的数学论文；小说家特罗洛普每天早上去邮局上班之前，已经创作了许多页书稿。希思每天从财政部下班后，在与自己的职业风马牛不相及的学术领域辛勤耕耘，最终跻身杰出科学史先驱之列。与洛利亚、塔内里等大师齐名，被誉为继海贝尔之后最杰出的希腊文化研究者。

19世纪下半叶，一些西方学者开拓了希腊数学史研究领域。苏格兰数学家麦凯（1843—1914）整理了帕普斯（约290—350）的手稿；德国数学家布雷特施奈德于1870年出版《欧几里得以前的几何和几何学家》；爱尔兰数学家奥尔曼于 1877 年出版《从泰勒斯到欧几里得的希腊几何学史》；德国数学史家康托尔于 1880 年出版三大卷《数学史教程》，其中约有 340 页讨论希腊数学；塔内里和海贝尔也开始了希腊数学史的研究；詹姆斯·高于 1884 年出版《希腊数学简史》。詹姆斯·高感叹道："尽管英国是唯一一个仍然奉欧几里得为初等几何学导师的欧洲国家，尽管剑桥大学 100 多年以来要求任何学位候选人都必须懂希腊文和数学，但迄今却没有一个英国人花力气去撰写甚或翻译一部这样的书。"显然，希腊数学史这座富矿仍有待于人们去开采。

早在希思还是一名大学生时，就已崭露头角，为《大英百科全书》撰写了关于"帕普斯"和"系"的词条。他用以申请三一学院研究员职位的长篇论文《亚历山大的丢番图：希腊代数史研究》（简称《丢番图》），在凯莱的推荐下于 1885 年由剑桥大学出版社出版，深受学术界的欢迎，年方 24 岁的希思也深受鼓舞。25 年后，希思又出版了该书的修订版。希思认为，英国读者读不到像丢番图《算术》这样一部独特而有吸引力的数学名著，是一件可惜的事，且 25 年间关于希腊数学有了很多新研究成果，因此再版是必要的。新版充分利用了最新成果，补充了费马的批注和数论命题，以及欧拉对有关问题的解法，全面分析了丢番图数学工作的历史背景及其对代数和数论发展的深远影响。数学家迪克森称希思的研究是"引人入胜的、可信的"。希思的这部希腊数学史处女作，已由当初的"稚嫩"作品变成了思想成熟的数学史名著。

1896 年，希思的第二本著作《阿波罗尼奥斯》问世。阿波罗尼奥斯的《圆锥曲线》总结并发展了欧几里得以及其他先驱者的研究成果，将有关圆锥曲线的知识网罗殆尽，可谓前无古人，后无来者。关于编写《阿波罗尼奥斯》的原因，希思写道："对于今天的多数数学家来说，除了知道阿波罗尼奥斯这个名字和他的二次曲线论，对这本著作知之甚少。然而该书写于2100年前，用沙勒的话说，'作者用纯几何方法来研究二次曲线最有趣的性质，最终得出每种圆锥曲线渐屈线的完整结果'。"

《阿波罗尼奥斯》包含了现存《圆锥曲线》全部7卷内容，是目前唯一可用的、完整的且带有注释的《圆锥曲线》英译本。值得注意的是，希思并没有采用完全直译的方法，而是对一些命题的顺序作了调整。

翌年，希思又出版《阿基米德全集》。当时阿基米德最重要的著作《方法》还没有被发现。希思在序言中告诉我们："本书是我最近出版的《阿波罗尼奥斯》的姐妹篇。对于这位'伟大几何学家'的这一著作，由于篇幅和形式，当今的数学家们也许不能读懂其希腊文原著或拉丁文译本，或者虽然读了，但是不能掌握和领会著作的整体结构。如果让这位'伟大几何学家'的著作易于为当代数学家理解的尝试是值得的，那么我就更有理由为公众提供人类迄今最伟大的数学天才现存著作的复本。"

希思尽可能保持阿基米德命题的数目，尽量客观、真实地再现原著的风格。该书是对阿基米德工作的总结，内容丰富、资料翔实，是我们今天认识和了解阿基米德数学工作的必读文献。

海贝尔于1906年在君士坦丁堡（今伊斯坦布尔）发现包含《方

法》在内的阿基米德羊皮书[1]，一时轰动学术界。《方法》共含 15 个命题，书中阿基米德借助力学原理，运用近代积分的方法，得到了抛物线弓形面积、球体积、旋转体体积等用初等几何方法难以得到的结果，具有划时代的意义。仅仅相隔 5 年，希思就出版了《方法》的英译注释本，作为对 1897 年版《阿基米德全集》的补充。至今，它仍然是研究阿基米德命题 14 和 15 不可或缺的文献。

1908 年，希思出版《几何原本十三卷》（分上、中、下三册，以下简称《原本》）。无论是从学术研究价值还是从流行程度来看，该书都是希思最重要的著作。希思的英译本是以海贝尔与门格的权威注释本《欧几里得全集》（1883—1916 出版，希腊－拉丁对照）为底本的，并附有一篇长达 150 多页的导言。希思的评价能力继续提升，对某些难点（如欧几里得的直线定义）的注解日臻完美。序言中，希思衷心感谢二哥罗伯特对该书所提的宝贵建议，尤其是对欧几里得比例定义与戴德金无理数论之间的相似性提出了参考意见。

《原本》上册包括导论（主要叙述欧几里得的生平和其他著作，希腊和伊斯兰的评注者，现存的手稿、文献和译文以及他的思想基础）和第 1—2 卷的译文；中册包含第 3—9 卷；下册包括第 10—13 卷以及所谓的第 14—15 卷。该书层次清晰、思想明确、风格朴实，简洁明了地阐释出了欧几里得的几何思想。书中包含了大量的比译文本身更有价值的注释。

---

[1] 今藏美国巴尔的摩华特艺术博物馆。

那些想了解初等几何的人能在《原本》中找到一片新天地；那些为欧几里得的死哀号的人、那些不承想到即使是像欧几里得这样的伟大教师也会犯错误的人们、那些怀疑非欧几何会动摇《原本》地位的人们，都能在书中找到各自的答案。就像希思所说的："就算目前所有的课本都被取代和遗忘，欧几里得的著作仍将存在。这是古代的丰碑之一；没有数学家不知道欧几里得，真正的《几何原本》有别于那些专门为学生或工程师而写的修订版或再版。"艰深的研究工作、丰富的文献资料、巨大的学术价值，使他的译著在科学史的历史上也树立了一座丰碑。

为了促进《原本》的教学，希思还于1920年出版了该书希腊文第一卷。1926年，《原本》再版，成了世界流行的英译评注本（现行中译本即以此为底本）。书中的注文不仅仅是原文的诠释，而且实际上也是两千年来《原本》研究的历史总结。美国数学家、教育家戴维·史密斯评价道："这本书连同其他数学史著作给作者乃至整个科学界都带来了莫大的荣誉。"今天，希思的英译本仍然不断再版。

一战爆发前夕，希思的又一力作《萨摩斯的阿里斯塔克》问世了。该书是在同窗好友特纳教授的激励下完成的，书中不仅包含了阿里斯塔克《论太阳和月球的大小与距离》的译文和注释，还用很大的篇幅对阿里斯塔克之前的希腊天文学史作了全新的考察，涉及荷马、赫西奥德、泰勒斯、亚里士多德等。阿里斯塔克提出假说：恒星和太阳保持不动，地球绕太阳做圆周运动，太阳处于轨道的中心，希思称之为"古代的哥白尼"。希思还发现，阿里斯塔克在计算行星位置和距离时，实际上采用了正弦和余弦的方法，尽管当时还没有三角学。例如，阿里斯塔克测得月亮半圆时刻日、月、地的中心为一个直角三角形的三个顶点，日地、日月连线夹角为3°，日地距是月地距的 18~20 倍。这相当于算出 sin3° 的值在 $\frac{1}{20}$ 和 $\frac{1}{18}$ 之间。

战争的乌云并未让希思停下脚步，他又开始了《希腊数学史》的撰写。然而，战争使出版时间一拖再拖。1917年5月21日，他在写给史密斯的信中，充分表达了自己对《希腊数学史》出版工作的焦虑："这是战争梦魇中的一个重要的保留节目和娱乐项目。去年秋天完稿，10月将完整的手稿交付牛津大学出版社。不幸的是，由于许多职员应征入伍，出版社人手奇缺，甚至连校样都没有出来，真令人失望。但我必须耐心等待，无疑，有朝一日它总会出版的！"然而，这一等就是三年。

1921年，《希腊数学史》终于问世，此书不仅对数学家，而且对每个学者来说，都是希腊遗产中最耀眼的明珠。全书分为上、下两册，上册从希腊的数学符号、算术运算和毕氏算法讲起，到早期希腊的几何学、毕氏几何、柏拉图和他的学园、三大几何难题，最后是欧几里得和《原本》。下册讲述希腊数学黄金时代的阿里斯塔克、阿基米德和阿波罗尼奥斯三人以及他们的后继者，有白银时代的托勒密、帕普斯等人和丢番图，最后讲述亚历山大和拜占庭的数学家，从西昂（约335—405）及其女儿希帕蒂娅写起，历经13—14世纪，直到文艺复兴前夕。总之，我们想知道的关于希腊数学的任何人或任何事，都可以从书中找到解答。

此前，洛利亚已经出版了《古希腊的精密科学》。但希思的叙述比洛利亚更新，更详尽。希思并非简单地指出是某个数学家成功地证明这个或那个问题，而是说明数学家是如何证明的。对希腊人解决或试图解决的每个数学问题，他运用现代数学语言直到把整个过程详细解释清楚才肯罢休。例如，关于阿波罗尼奥斯问题——如何作一圆与三个已知圆相切，阿波罗尼奥斯本人的作图法已经失传。希思则利用前人的记载，对阿波罗尼奥斯的作图法做了详尽的复原。古证复原这一原则一直贯穿于《希腊数学史》之始终。

1931年，希思出版《希腊数学手册》（以下简称《手册》），该书主要是从他早期研究成果中总结出来的，但并非《希腊数学史》的简写版。希思解释了二者在写作目的上的不同。《希腊数学史》面向的读者群主要是古典学者和数学家，而《手册》面向那些对学生时代的数学仍抱有极大兴趣的普通读者。因此，有关《原本》的内容大约占《手册》的一半。书中还讲述《原本》之后希腊几何、天文和代数的发展。

次年，希思又出版了《手册》的姐妹篇——《希腊天文学》。在很大程度上，该书是其希腊天文学著作《萨摩斯的阿里斯塔克》的缩略版，且许多段落摘录于此。该书从泰勒斯讲到普鲁塔克，简明扼要地论述了希腊天文学思想的古往今来。

在生命的最后几年，希思致力于撰写《亚里士多德的数学》。他的遗孀玛丽认为，希思1939年大病之后急于继续做研究，很可能加快了他的死亡。希思去世后，玛丽发现了这部手稿。起先她误认为它是一部未完稿，但牛津大学奥列尔学院院长、时任亚里士多德学会会长的罗斯爵士通读一遍后发现，这已经是完整的修订稿。玛丽亲自打字，并从希思的字里行间感受到了走进亚里士多德迷人世界所获得的意想不到的快乐。儿子杰弗里也参与了校对工作。《亚里士多德的数学》的出版，乃是对抱憾而逝的数学史家最好的纪念。

希思收集了亚氏著作中所有涉及数学的文献，他的评注自始至终都透彻而极富启发意义。他解释道，对亚氏的研究兴趣并不是因为亚氏对数学问题的见解特别深刻，而是因为其科学方法中的大部分例子都是数学的，数学史家可以从中找到有关欧几里得之前教科书内容的一些线索。亚氏对文艺复兴时期数学的影响非常有限，而且没有数学方面的专论传世，因此后世对亚氏数学工作的了解基本源于希思的这部绝笔之作。

除了专著，希思还在《语言学杂志》《数学文献》等刊物上发表希腊科学史论文；他为多种版本的《大英百科全书》撰写了大量的词条；为《剑桥古代史》中的"希腊科学和数学"一章撰写了数学和天文学部分。1911年，琼斯爵士修订利德尔和斯科特的《希腊－英语词典》时，请希思修订其中的数学名词。希思校对了整部词典的数学内容，填补了许多空白。如，"渐近线"这个名词就是希思增补的，原版中它只是个医学名词。

希思还在《数学公报》《数学科学的历史与文献通报》《自然》等杂志上发表许多书评，被评论的书包括洛利亚的《古希腊的精密科学》、柴尔德的《伊萨克·巴罗的几何学讲稿》、史密斯与莱瑟姆的英译本《笛卡儿几何学》、帕基耶的《欧拉和他的朋友们》、哈尔马的《托勒密的大测》、沃尔特·鲍尔的《数学史简述》、蔡斯的《莱因德数学纸草书》、斯特鲁韦的《莫斯科数学纸草书》、安东尼亚迪的《埃及天文学》等,这些书评表明,希思对整个数学史领域的研究动态也有着广泛的关注。

希思几乎赢得了他那个时代一名英国学者所能获得的所有荣誉:他于1912年当选为英国皇家学会会员,1913年和1929年分别获得牛津大学和都柏林大学荣誉博士学位,1920—1921年和1926—1928年两度当选为英国皇家学会理事,1920年当选为剑桥大学三一学院的名誉研究员,1922—1923年当选英国数学协会主席,1927—1929年间担任国家博物馆和画廊的皇家委员会委员,1932年当选为英国不列颠研究院的研究员。他还是国际科学史学会的会员。

四、先驱风范

与今天的许多科学史家不同,希思的学术研究都是在业余进行的。在1909年5月28日写给好友史密斯的信中,希思谈到自己费十年之功的《原本》英译与注释,谈到修订《丢番图》的计划,谈到研究帕普斯的宏伟设想。他写道:"与译注《原本》的整个过程一样,我的困难在于,每天七小时我必须待在办公室里行使财政大臣助理的职责。因此,我只有到了夜晚才能从事我最大的爱好——希腊数学的研究。虽然,业余爱好使我忘却了对其他工作的忧虑,但毕竟一天就这么几个小时,实在难觅闲暇。"

一个只能利用夜晚时间从事研究的人,却取得了职业科学史家才能取得的丰硕成果。我们不禁要问:希思何以如此成功?

回顾希思的一生，他学生时代所受的训练起了不可或缺的作用。我们很难想象，一个财政部职员为了研究数学史还能够从头开始进修古典语言和数学。史密斯评论道：

一位立志在数学史的任何分支上取得突出成就的人，必须拥有某些一般人很难同时具备的特殊才能。他必须掌握比研究中所要包含的多得多的数学知识——这些分支的衍生学科以及它们从萌芽开始的发展过程中与这门学科之间的关系。他必须同时精通古典语言和现代语言，前者用于阅读原始材料，后者则用于阅读后人对该材料的诠释。他必须能够精确、优雅地表达自己，以博得读者的尊敬、吸引读者的注意。他必须博学而不迂腐，睿智而不浮夸，深刻而不沉闷。

希思早在学生时代就已经具备了上述才能。酷爱希腊数学是希思成功的第二个原因。希思深深为希腊数学着迷，在《希腊数学史》序言中，他赞美希腊数学道：

数学家必须考虑到，数学的基础及其很大一部分内容都是希腊人的。希腊人确定基本原理，发明原始方法，固定数学术语。无论现代的分析已经或将要带来什么样的新发展，数学简言之都是一门希腊科学。……希腊数学揭示了研究者容易忽略的希腊天才的一个重要侧面。多数人一想到希腊的天才，就自然会想到他们的文学和艺术杰作对美、真理、自由和人文主义的阐释。其实，希腊人同样渴望了解宇宙中一切事物的真谛并能够给出理性的解释，他们对于自然科学、数学以及一般精确推理或逻辑，同样心向往之。

在史密斯《希腊数学》序言中，希思表达了类似的观点："在我们所理解的意义下，一部数学发祥的历史就是希腊数学史。因为正是希腊人最早构建了数学作为一门科学所具有的思想，正是他们最早确立了少数基本的原理，并将数学建成一个以这些原理为基础的逻辑体系，直到今天，这些原理仍未改变。"

在利文斯通主编的《希腊遗产》的"数学和天文学"一章中，希思也表达了同样的观点。他认为，要了解古希腊天才的含义，就必须从几何学开始；数学在古希腊哲学中起着十分重要的作用，每一位古典学者都应当阅读古希腊数学家的原始著作。希思的希腊数学观决定了他的行动。

希思在仕途上可谓一帆风顺，在财政部，只差财政大臣这最后一职了。要追求名利，有的是机会，当然不需要学术。希思深深知道，研究数学史可能并没有什么回报，他也曾感谢二哥罗伯特，在这份没有回报的工作上为他提供了许多帮助。显然，希思做学术研究并不为名利，纯粹只为一生不变的爱好。

勤奋和执着是希思成功的第三个原因。历史上从来不乏勤奋和执着的先驱者。16世纪法国数学家拉米斯12岁时作为富家子弟的仆人进入巴黎的纳瓦拉学院，白天伺候主人，黑夜挑灯苦学，9年后竟获硕士学位；16世纪英国数学家约翰·迪伊每天只花4小时睡觉和2小时吃饭做礼拜，而另外18小时都用于学习和研究。萨顿告诉我们：17世纪法国古典学者迪康热每天工作14小时，即使在结婚纪念日还要工作六七个小时；19世纪英国考古学家弗雷泽爵士年轻时因为在最后一个学期里只读了57部希腊和拉丁著作而写信向导师致歉！考虑到白天的职业，与前人相比，希思的勤奋毫不逊色。1914年7月9日，尚未度完蜜月的希思致信史密斯："由于订婚和结婚，我关于希腊数学的书已经搁浅一两个月了！然而，我希望很快就能恢复这项工作。"从学生时代开始，希思的勤奋延续到了生命的最后时刻。

　　希思是一位热爱和平的学者。他的《希腊数学史》主要完成于一战期间，战争使他对自己的国家乃至整个世界产生深深的忧虑。在前言中，他引用希腊数学史上的传说表达了自己对和平的向往：太阳神阿波罗借神谕告知德罗斯岛上的居民，必须将正方体祭坛扩大一倍，方可免于一场瘟疫。德罗斯岛上的人去雅典向柏拉图请教新祭坛的设计方法。柏拉图告诉他们：神其实并不是真的希望这个问题得到解决，而是让希腊人停止战争，摒弃邪恶，陶冶文艺，使得他们的狂热为哲学和数学所平息，彼此之间开展纯真而互惠的交往。大战爆发不久，1914年10月14日，他在给好友史密斯的信中写道：

　　我十分高兴地发现您和所有的美国同胞（非德国人）

能够保持中立,很多德籍美国人对于这场灾难性且可悲的战争也深表同情。对于我们自己来说,我觉得没有人比我们带着更明白的良心参加战争了。任何阅读蓝皮书或不如说是白皮书的人,都可以目睹这个国家是如何力争和平,直到忍无可忍。如果说有谁被迫卷入了战争,那么我们就是……我正在撰写《希腊数学史》,但进展相当缓慢。今天我写到《几何原本》第十卷——那是纯几何里多么神奇的成就啊!

战争爆发一年后的1915年8月7日,他又致信史密斯:"在这些可怕的日子里,我唯有在希腊数学和音乐中找到寄托和慰藉——但只是巴赫的音乐,似乎只有它能让一个人忘却这个世界的龌龊和卑劣。"他对战争的厌恶之情跃然纸上。战后,他希望人们能够"在拜战争所赐的乱世中,转过脸去,在希腊数学这个华兹华斯所称的'纯粹智力所造就的独立世界'中,呼吸片刻抽象思维的纯净空气"。

从希思身上,我们已然找到了萨顿问题的答案:早期卓有成就的科学史家都是一些训练有素、志趣高雅、博学睿智、勤奋执着、坚韧不拔、孜孜不倦、脱离名缰利锁、一生追求真善美而无怨无悔的学者,他们所做的都是自己真正热爱的、很少有人问津的、更无物质回报的,但足以让自己快乐、让他人受益的事情。

(作者:柳 笛 汪晓勤)

西格里斯特
卓越的医史学家和医学社会学家

亨利·西格里斯特
(Henry Ernest Sigerist, 1891—1957)

亨利·西格里斯特博士是他那个时代最伟大的医史学家之一。他曾先后主持过著名的莱比锡大学医学史研究所和约翰斯·霍普金斯大学医学史研究所。他极大地发展了医史学，引进了文化史和社会学的研究方法，并使之成为在最广泛的范围内谈论的话题。他为后人留下了众多医史论著。医学社会学是他另一个主要研究和实践的领域，由于这方面丰富的研究成果，他成为全球著名的公共卫生和医学社会学专家。西格里斯特还是一位出色的教师，他培养了一大批后继者，以至于在他之后欧美各国的医史学和医学社会学领域许多专家都出自他的门下。他是个兴趣极其广泛的人，尤其可贵的是，他在许多领域都取得了引人注目的成就，就像一枚钻石的每一个面，都映射出同样耀眼的光芒。除了学者和教师之外，他还是位艺术家、编辑、旅行家、东方学家、美食家。他宽厚待人，温文尔雅。曾与他有过一面之交的维多利亚女王称他"知识如此渊博而又如此谦逊"，正像人们所期望的那种大学者一样。他的成就和影响在他生前就已得到世人的承认，他先后得到九个国家授予的教授席位和荣誉学位。本文要介绍的就是这样一位医史学家，一个对他那个时代产生了巨大影响的学者。

一、青少年时代和求学经历

西格里斯特 1891 年 4 月 7 日出生于巴黎,其父母是一对瑞士夫妇。他 10 岁以前的少年时光都在巴黎度过,1901 年,西格里斯特随双亲到了苏黎世,在那里他读完了小学。瑞士是德语区,而他最初学的是法语。1904 年他进入大学预科,接下去的 6 年间他掌握了拉丁语和希腊语,与此同时他开始对东方的哲学感兴趣。为此他有数年时间利用早晨学习阿拉伯语,为了成为神学院学生他还学了希伯来语。此外,他有一位教梵文的私人教师。

许多读过西格里斯特自传的人都为他在通常是严苛而众多的预科课程中加进雄心勃勃的计划感到吃惊。西格里斯特学习的欲望和能力都那么非凡,甚至于 1910 年进入苏黎世大学后仍感到所设的课程无法满足他的求知欲。他后来回忆说:"在苏黎世大学期间有关东方的课程很少,这就使我决定在伦敦花上 1911 年的大部分时间。伦敦大学有一些极好的课程,由于我是唯一选修这些课的学生,因而学到了许多东西。……同时我开始在皇家学院学习汉语,并花了大量时间。……那些年我学习相当勤恳,口袋里总是带着语法书和一个写满了汉字的笔记……"

西格里斯特对人类生活的各个方面都怀有浓厚的兴趣,这一点在他求学期间已显露出来。但他不得不面临抉择,在伦敦,他的老师指出他应把精力集中于一个国家或一种宗教,即他无法掌握东方的一切。西格里斯特却不这么认为,他恰恰是对整个神秘的东方世界感兴趣,尤其是在比较宗教和比较文学方面,他对自己充满信心。但终于有一天他不得不承认老师们是对的。为摆脱困境他突然结束了在伦敦的学习返回苏黎世，他又从人文科学转向自然科学，对后者他也抱有浓厚的兴趣。1911年的晚些时候，他进入苏黎世大学学医，其间于1914年曾到慕尼黑大学学习了一段时间，1917年他获得了苏黎世大学的医学博士学位，并取得了开业行医的资格。此时第一次世界大战正打得难分难解。瑞士没有参战，但每个公民都须服兵役，西格里斯特在军队的医疗队里服务了近两年。这是他唯一的临床实践经历，而且给他留下深刻印象。1939年他回忆道，直到那时，"我生活在中产阶级之中，主要与学术界打交道。我对社会问题感兴趣，但多从理论和公共卫生角度去看待这些问题。在军队中我与劳动阶级密切接触。……这些不知名的士兵就成了我的老师，他们使我眼界大开，他们使我明白了许多以前不懂的事情，并使我认识到自己生活的世界是多么狭小。他们使我对作为历史学家和医生都同样重要的研究和活动领域的认识更加具体化了。"这时他已决定了日后从事医学史研究事业。

第一次世界大战结束后，西格里斯特即赴莱比锡大学，做了当时任莱比锡大学医学史研究所主任的祖德霍夫（1853—1938）的研究生，专攻医学史。祖德霍夫是当时德国医史界无可争议的领袖，并以出色的档案管理工作著称于世。他整理了大量中世纪医学文献，其中最重要的就是对帕拉塞尔苏斯著作和手稿真实性的调查。西格里斯特从祖德霍夫那里接受了任务，也投身于中世纪早期医学文献的研究。中世纪医学研究主要是对手稿的研究。经过深入的研究和整理，祖德霍夫师生出版了许多重要的中世纪医学手稿。

1921年，西格里斯特以《目前中世纪早期医学手稿的原文和研究》为大学授课资格论文，获得了在苏黎世大学做医学史讲师（无薪）的任命，1924年又升为名誉教授。

1925年，他作为祖德霍夫的继任者，成为莱比锡医学史研究所主任和医学史教授。从此开始了他的科学生涯。

二、对医史学的杰出贡献

20世纪前50年医学史研究的一个重要转变，就是在19世纪收集史料和专科研究的基础上，医史学家们把医学作为文化的一部分加以研究，希波克拉底、盖仑、帕拉塞尔苏斯等都被置于他们所处的时代加以研究，用文化中宗教的、哲学的、科学的和文学的传统来对照和解释他们的思想，即将文化史和社会学的方法用于医学史研究。西格里斯特正是代表了这一转变的医史学家。

当西格里斯特开始其医史学家的生涯时，其任务是相当简单的。他接受了必要的医学教育，并进而把历史研究的兴趣转向医学问题。这一切都是为了对医学的过去进行阐释。医史学家和其他历史学家的不同之处在于理解其研究资料的医学意义的能力。西格里斯特最早的纲领性论文——1922年的《医学史的任务和目的》中清楚地包含了以上观点。该文认为医学史的任务主要是依据对文献的历史研究进行阐述，医学史需要严格的历史哲学的方法。显然，祖德霍夫是这方面公认的大师。而对医学史的目的，他则或多或少采取了传统的观点：医学史使我们更谦虚，它是对专门化带来的危害的警告。作为自然科学和人文科学之间的桥梁，它具有极大的教育价值，并导向一种新的人道主义和强化的理想主义。

西格里斯特没用多长时间就摆脱了祖德霍夫的影响。在苏黎世时期末和莱比锡时期之初，西格里斯特接受了斯彭格勒的文化形态学思想，不久他又接受了艺术史家韦尔夫林的哲学思想。后者支配了西格里斯特在莱比锡最富有成果的岁月，其中最出色的作品是他关于哈维和巴洛克艺术风格的关系的论文。在文中，他提出哈维关于血液循环和胚胎学的工作具有从17世纪后期起巴洛克艺术所具有的同样特征。正因为巴洛克艺术与文艺复兴时期的静态艺术有区别，哈维有别于17世纪研究尸体的解剖学家。

这篇论文显示了西格里斯特的唯美主义天性。对鼠疫的守护神——圣·塞巴斯蒂安作为阿波罗两世的解释的论文，不仅属于同一时期，也属于同类工作。该文的论据主要取决于他从文艺复兴时期有关青年的圣·塞巴斯蒂安的油画中发现阿波罗的能力。

出版于1943年的《文明和疾病》保留了一些原有的思想，也表明西格里斯特正在增长的用社会、经济和政治的因素解释历史的观点。在医学史上从理想主义到唯物主义倾向的变化与他对医学社会学日益浓厚的兴趣平行发展。正是后一种具有更成熟形式的哲学思想构成了他《医学史》第一卷的基础。

西格里斯特曾三次试图对医学作历史的综合。第一次在他的《医学入门》（1931）或《人与医学》（1931）中。该书是他在莱比锡大学给医学学生做的讲座的讲稿基础上写成的。历史学的方法被用来解说当代的医学结构。与医学史著作不同的是，它以当代的和可资利用的历史作为论说工具开头。在德国和别的国家，讲座和书都深受好评。第二次是《名医传》(德文本出版于 1932 年)。这是一部纪传体医学史著作。该书反映了普遍趋势及环境与伟大的个人的工作和贡献之间的相互关系。

第三次综合则有比前两次大得多的规模,这就是西格里斯特计划的一部八卷本《医学史》。该书第一卷于 1951 年出版,其中有很长的一章"对医学的历史探索"。该章的标题有深刻寓意,因为是医学而非历史造就了这个研究对象。这与西格里斯特对医史学家的界定是一致的:"医史学家是经过历史研究方法训练的医学家,他在其生活的时代起积极作用,并与当代的医学问题保持密切接触。"西格里斯特自认为是一个哲学家,并把他对社会的兴趣都包含在这一概念中,这样他就可以说医史学家"从不是一个只需领悟医学中有限方面的狭隘的专家,他试图把医学作为一个整体看待,不仅从医学专业角度,也从社会的角度。受当代生活利益的驱使他着手考虑并重扬医学过去的历史"。最后一句清楚地表明西格里斯特是以贝内代托·克罗齐为代表的学派的追随者,他极为推崇比尼第图的名言——"每一部真正的历史都是当代史",并加以引用。对西格里斯特来说,只把医学史看作其历史研究的一个特殊领域的历史学家不是医史学家。这种观点在过去一直把医学史看作医学学科的欧洲具有久远的传统,但它渐渐被此后的医史学家所摒弃。

西格里斯特的医史学模式深受 19 世纪法国历史学家米什莱的影响。以恢宏的笔触重构过去的历史,并使之成为人人皆谈的历史是他的目的所在。西格里斯特是一位杰出的、深受大众欢迎的作家,这一无可争辩的事实可以从他娴熟的写作技巧得到证实。他的写作风格出自法国历史学的文学传统,这一传统首先要求写作和行文的清晰流畅,并把文字枯燥看作不可饶恕的罪孽。西格里斯特简练清晰的文笔是其内心确信这个世界是以一种简单、可以解说的方式构成的思想的写照。他以独特的写作风格吸引了大批读者,并使医学史成为广泛的圈子里谈论的话题。

就世界范围而言,19世纪末以来医史学的发展,在很大程度上应归功于一些杰出的医史学家和著名的医史研究机构。西格里斯特被称为医史界的权威,不仅是因为在学术上取得的辉煌成就,也由于他在组织领导医史研究机构方面获得的成功。

1925年,西格里斯特受聘出任莱比锡大学医学史研究所主任。该所是用奥地利著名医史学家普施曼遗孀的大笔遗赠作基金于1903年创办的,首任主任就是祖德霍夫。用耶鲁大学科学史和医学史教授乔治·罗森博士的话说,该所"在二十世纪前半叶,决定了医学史研究和教学的目标和方向"。其中当然也有西格里斯特的一份功劳。主持该所的7年间,他不仅完成了许多论著,还把研究所里那些背景、观点和活动能力方面存在很大差异的研究人员和学员组成了一个坚实的集体。当时曾在该所工作的阿克尔克内希特后来说,创造这样一个集体是西格里斯特在莱比锡大学的最伟大成就。

西格里斯特在组织领导医史研究所方面的成功还可以从另一件事反映出来。1929年10月,韦尔奇创办了约翰斯·霍普金斯大学医史研究所,而这一后来蜚声全球的研究所正是按莱比锡大学医学史研究所的模式组建的。所以，当 1932 年韦尔奇年迈告退时，自然就邀请西格里斯特作为继任者了。当然 1931 年西格里斯特首次莅美讲学受到极大欢迎也是一个因素。他定居巴尔的摩后，充分显示了他的组织才能，除将研究所大事扩展充实外，还着手培养医史师资，并于 1933 年创办《医学史通报》，并担任该刊主编直到 1947 年返回瑞士。此后的数十年间，他还到过英国、加拿大、南非、印度等地讲学、考察，积极推动医史研究。印度孟买医史研究所正是在他的提议下创办的。

在巴尔的摩的 15 年间，西格里斯特在学术上也取得重大进展。到 1947 年他离开时，约翰斯·霍普金斯医史研究所师生共发表论著 457 件，其中他写的书 23 部，论文 195 篇。另外，1933 年和 1934 年夏天，他在欧洲各地搜集到的数百种中世纪医学手稿也成为该所非常宝贵的财富。

西格里斯特毕生最大的心愿是以新的方法编写一部八卷本的巨著——《医学史》，运用他创立的许多理论介绍医史学，重构医学的历史全貌。第一卷是古代医学和原始医学，主要是古埃及和美索不达米亚的医学，于 1951 年出版；第二卷为希腊医学和古印度医学，他认为这两大医学体系是属于同一阶段的，后由其女儿、助手整理，于 1961 年出版；第三卷原计划写中国医学和阿拉伯医学。1947 年他接受耶鲁大学的资助，返回瑞士潜心著书。他原患有高血压，1954 年突患脑血栓，其后病情时轻时重，严重影响了他原定计划的施行。1957 年 3 月 17 日，这位伟大的医史学家溘然长逝，使世界医史界永远失去了一位积极的倡导者和领袖。

三、具有历史意义的医学社会学

西格里斯特在许多场合反复自称为医史学家和医学社会学家。他一生最大的目标除了上述的八卷本《医学史》外，还有一部四卷本《医学社会学》。他"发展了一个广泛的社会学概念，在这个概念中，医学与政治、经济、社会和文化被置于同一基点（matrix）加以研究。……从这一广泛的、由社会决定的位置研究当代医学的发展，就和分析其过去的进化一样合乎逻辑了"。他的医学社会学是独立的一门科学，同时又与医学史紧密联系。因而从广泛的意义上讲，西格里斯特是向着具有历史意义的医学社会学努力的。

但是西格里斯特没有与《医学史》第一卷同样篇幅的医学社会学著作，其思想散见于一系列论文中，前后长达30多年。早期他先后受到博伊斯特和马克瓦特的影响，前者是他在语法学校的老师，一位社会主义者和无神论者；后者是其大学预科的老师。这一时期他还读了其他社会主义者的著作。在瑞士军队服役的两年增强了他这方面的信念。这促使他在莱比锡大学医学史研究所中开始认真从事这方面的研究。当时所里举办了一系列引人注目的讲座，他请来了德国医学界和社会学方面的著名人士。这些讲座都围绕着像"医生和政府""当代医学的基础和目的"这样的主题进行。这些讲座与西格里斯特的研究相得益彰，构成了他在20世纪30年代发表的许多论著的思想基础。当然间接的和意识不到的影响尚未包括在内，因为西格里斯特是个无书不读的人，他的许多思想无疑都产生在自己研究的基础上。

1935年，他的论文《医学的社会管理》清楚地显示了他的社会学思想的形成。他写道："……有许多医学之外的因素在很大程度上决定着医生是否可以任意使用各种方法。另一方面，医学科学本身的全面发展也同样取决于一些非医学因素，这些因素是世界观、哲学、宗教、经济学。一般而言，它们都具社会性，迄今医学尚未重视它们。而它们都至关重要。"他使这些思想成为约翰斯·霍普金斯大学医史研究所的指导思想。该文结尾写道："我们约翰斯·霍普金斯大学的研究所已把历史研究置于一个广泛的社会学基础上，并把它延伸到现代作为自己的任务。我们以这种方式努力弄清平常鲜为人知的发展线索，这样就可以公开地讨论，我们也就可以处在能更好地观察我们目前处境的位置上。"由此可见，西格里斯特的社会学研究是与医学史密切相关的。

西格里斯特在美国度过了15个年头，从1932年到1947年，这时基本上处在罗斯福掌权和"新政"时期。从文化和学术角度来看，这是美国历史上令人鼓舞、具有创造性的时期。西格里斯特对这种环境做出了热切、乐观、有力的反应，这表现在一系列论文和专著中，其中有《美国的医学》(1934)、《医学与人类福利》(1941)、《文明和疾病》(1943)、《十字路口的大学教育》(1946)。他的医学社会思想也反映在他竞选国家健康保险计划的经历及其对苏联、加拿大等国考察的实践中。

但实际上，他的医学社会学思想从未得到系统阐述，罗森博士通过研究其论著，把西格里斯特的医学社会学思想概括如下：

人生活在社会上并是其中一员，通过建立与其同伴的关系，产生了许多社会系统。这些现象发生在各种风俗、生活方式及类似事物中。通过共同生活，人们经历了与健康和疾病相关的问题，它们影响了个人和（或）集体。所有的社会都有一些社会组织来处理这类问题。这些组织的性质以及它们如何发挥作用由许多因素决定，其中有科学方面的，也有社会其他方面的因素。健康和疾病由生理和社会的因素相互作用来决定。在许多情况下，社会因素是居于支配地位的。个人如何生活是疾病产生的决定性因素，因为它与收入、居住条件、营养状况、娱乐及相关因素联系在一起。卫生服务应包括医生、患者和其他社会成员。医生的任务以及执行这些任务的方式由社会及经济结构所决定，并由当时可用于医学的技术和科学手段决定。患者的社会地位及医生与患者的关系，在处理其健康问题时是个重要方面。最后，形式上的因素及其关系发生了很大变化，而在这个框架中运用历史方法进行研究能解释和说明这些变化何时发生，并帮助我们迈向未来。

四、社会医学的国际主义者

"社会医学从未有过比这位令人惊奇的、以医学史为基本工具的国际主义者更伟大的倡导者和促进者，而其目的则是促进人们之间的相互理解。由于他在跨越时空沟通医学世界方面的成就，他将永远为人们所怀念。"这是人们在失去这位可贵的朋友之后不久就感觉到的。

1931年，西格里斯特首次到美国旅行、讲学，这无疑是一次伟大的探险。美国活力十足的实验精神深深吸引了他，而在德国，纳粹和希特勒掌握了大权，局势变得令人窒息。因此，当他应邀到霍普金斯大学研究所工作时，就不难做出决定。他利用为期6个月的首次美国之行的收获，写成了《美国的医学》，于1934年出版。刚刚在美国把家安顿好，另一个有趣的课题又吸引了他。他用了3年时间学习俄语。1934年10月，他在《美国的医学》末尾写道："美国和苏联是当今在医学领域进行实验的两个伟大国家，并都致力于寻求新的医疗服务形式。它们将优先决定医学的未来。"1935年夏，他首次到苏联对其社会主义医疗体系的结构和功能做了第一手的研究。第二年他又去了一次。1937年，第一部用英文写的关于苏联医学理论和社会学基础及当代特点的专著——《苏联的社会化医学》问世。该书展示了一个在整个经济体系、医疗、公共卫生、医学教研各方面都实行社会主义革命的大国的激动人心的故事。他认为前5000年医学史上成就的一切只代表了第一个纪元，即治疗医学阶段，而苏联当时已开始了一个新的纪元，即预防医学阶段。他研究苏联社会的兴趣常常被人误解甚至诽谤中伤，而这实际上只不过是他对法西斯主义的仇恨和他寻求一个对所有的人都赋以正义与和平的社会乌托邦的结果。当时世界上唯一的社会主义国家的缺陷，也被他看作是通向改善每个人的生活的道路上一个必要阶段而加以掩饰。这种动机又使他最终去研究印度，寄希望于东方，期望东方或许可以提供一种更实际的方法。1938年，一个由美国医生组成的旅行团随他到了苏联。他用这次搜集到的许多新资料，对前书大事修正、补充，易名为《苏联的医学和保健》，于1947年出版。1943年西格里斯特联合志同道合者成立了美苏医学协会，他担任该会会刊

《美国苏联医学评论》的主编。他决心消除这两个国家知识界之间的鸿沟。该刊当时销路甚广，至 1947 年停刊。

第二次世界大战期间，西格里斯特渊博的国际知识使他成为美国战时经济委员会的最高顾问。但他仍在北美各地旅行、考察。1940 年他在一次横穿美国的旅行中产生了一系列关于医疗机构新计划的文章。1944 年 9 月，他受邀担任加拿大萨斯喀彻温省保健服务检查委员会负责人。他用业余时间遍访该省，同年 10 月 4 日，他向该省公共卫生部长提交了报告，要求对该省所有的公共卫生、医疗设施进行彻底重组。他原非专业管理人员，但令人惊奇的是，其建议在 10 年内几乎全部付诸实际。1947 年时，萨省已在北美开创了第一个大众医院保险系统。1950 年另外两个省也依例实行；1957 年还制定了国家法令，在全国推广这一模式。

1944 年底，着手准备二战后重建的印度政府组织了保健检查和发展委员会，西格里斯特受邀成为该委员会两位美国顾问之一。他后来的报告也受到印度政府的肯定，其中建议在孟买开办医史研究所，并在新开办的医学院中设立社会医学系。即使在他返回瑞士全力编写《医学史》时，他的社会活动也未停止过。1951 年 11 月，他受聘成为日内瓦世界卫生组织社会医学和职业健康专家咨询小组的成员。

西格里斯特生活中令人快慰的一面是生前即获得了极大的荣誉。他先后获得西班牙（1935）、南非（1939）、加拿大（1941）和英格兰（1955）的大学的荣誉哲学、法学或文学学位。当他离开巴尔的摩时，他又被英、德和印度授予教授席位。而逝世前不久，在他的祖国瑞士也得到了教授席位。

五、天才的教育家

教学一直是西格里斯特生活的一部分。他努力发展一种独特的教学风格，一种与其轻松流畅的文风类似的风格。他的学识非常渊博，这一点毋庸置疑，但他与其他教授的区别在于他以自己的方式把知识传授给学生们，借此他彻底改变了以往人们认为医学史是一门枯燥的、尘封的学科的看法。他任莱比锡大学医学史研究所主任时便给人留下了这样的印象。一位当时的学生回忆说："（西格里斯特）教授与我以前见过的教授大不相同。他不但彬彬有礼，也很乐观、友善。他丝毫没有刻板和傲慢，这些东西是他大多数同事为保持尊严而不可缺少的要素。……西格里斯特教授在衣着、处世、姿势、讲话和书写时保持着一种令人惊讶的优雅。他极其卓越、多才多艺、思想开放，在课堂上下他自如地讨论多得令人难以置信的不同话题和观点，而且从不教条、武断。虽然我有时抱怨我的老师不够坚定，但我可能更喜欢他这一点：他从不试图将他的思想强加于任何人，而是让每个人都寻找各自的道路。他唯一坚持的东西就是品格。"

其后有幸师从他的人几乎都有同样的感受。他那易于激发的热情、极高的天赋和广泛的声誉结合起来，使他成为医学史以及所有激发他热情的事物的福音传播者。曾任约翰斯·霍普金斯大学医史研究所主任的史蒂文森说："我曾听说过他能用几乎完全相同的词句讲授同样的课，并使用同样的手势，而热情丝毫不减。我对此深信不疑。因为我确信表现本身给了他乐趣，而且他对构成一堂课的史实、思想以及警句的乐趣可以像他对阳光和食物的兴趣一样时时翻新。"在美国的 15 年间他始终坚持教学，举办讲座，其中有医学史，也有医学社会学课程。到 1937 年时，由于他的努力，美国已有 54 所医学院讲授医学史，其中 28 所为必修课，且有 22 所是将医学史作为一门必修考试课开设的。西格里斯特当年曾拟详细调查表发往 77 所医学院，调查表中涉及医史课的学时、师资情况、考试方法和有关图书馆、研究组织等情况。后收到 74 所医学院的答复。西格里斯特将调查结果写成报告发表在 1937 年（第七卷）第六期《医学史通报》上。在此之前只有科德尔于 1904 年调查过同样的问题。科德尔调查了哈佛、耶鲁、康奈尔等 14 所主要大学，而其中仅有 3 所大学每年分别有医史讲座 14～16 次，当时约翰斯·霍普金斯大学一年仅有 3 次。两相对照，便知 30 年间的巨大差异，尽管当时美国的医学史及科学史教学尚不如今日之盛。

　　作为一位教师，西格里斯特是成功的，尽管不能说所有医学学生都理解他提供给他们的机会。许多理解他意图的学生都变得非常崇敬他。他的学生来自许多国家，包括所有肤色、两种性别，代表着许多职业。他对许多人的生活影响如此深远，以至其中一些人今天仍做着他过去在这些领域最感兴趣的那类工作。

六、东方学家

　　西格里斯特鲜明的个性表现在他对人类生活的各个方面都抱有

浓厚的兴趣，无论是历史的各个阶段，抑或世界各地的人们。他对东方的文化、语言和医学的关注，早在他选择医学史作为毕业研究对象之前，甚至在他学医之前就已显露出来了。他学过希伯来语、阿拉伯语、梵文、波斯语、叙利亚语、汉语和印地语，以此为工具，他热切地希望了解东方的各民族，以及它们的哲学、宗教和医学。他深入研究过日本、印度和中国的历史。1944年他到印度考察研究卫生保健问题时便显示出他对印度历史的熟谙。因而他能提出深受印度人欢迎的建议。由于印度同时存在传统医学和现代医学，他提议建立一个医史研究所，他还提出了具体的办法："……印度的医史研究所将使其研究人员致力于印度医学史和印度医学的研究，从吠陀时代到现在。它将公正地和批判性地调查本国的医学遗产，而不是为了证明什么东西。它将努力从历史的角度，从医学与各个时期的文化的相互关系的角度，重构和正视印度医学的过去。"他的建议深得印度政府的赞许。1949年当他返回瑞士普拉时，还数次接到去孟买帮助创办医史研究所的邀请，可惜那时他抽不出时间。

基于对亚洲的丰富知识，西格里斯特反对那种认为欧洲是世界的中心的论调。1951年1月17日他给罗森博士的信中写道："你有一次谈到，医学史常以医学中心论的观点写成，你知道我试图从这种模式解脱出来，我把患者、自由百姓推到完成这种使命的位置上。医学史不仅是以医学为中心的，它也是以欧洲为中心的，我正试图改变这一模式。"

西格里斯特很早就与我国医学界，尤其是中华医史学会建立并保持着联系。早在 1936 年，他的《人与医学》已由顾谦吉译成中文出版。而这与英文本出版仅相距 5 年。1937 年中华医史学会成立伊始，即与约翰斯·霍普金斯大学医史研究所联络，后者随即寄来中医古籍复制本多种。1938 年 3 月，胡美博士应邀到约翰斯·霍普金斯大学医史研究所就中国传统医学作了三次演讲，大受欢迎，遂由西格里斯特提议任命为客座讲师。胡美是耶鲁大学 1897 年毕业生，其一生大部分时间都在中国度过，湘雅医学院就是他亲手创建的。他还是中华医史学会最早的会员之一。1941 年 12 月，经西格里斯特介绍，中华医史学会成为国际医史协会的成员之一。他还热情推动中国医学史的研究，1943 年，他鼓励法伊特把《黄帝内经·素问》译成英文，后者在洛克菲勒奖学金的资助下，作为医学史博士学位论文完成了这一工作。该书于 1949 年出版，成为第一部英文版中医典籍。他为该书写的序言显示了他对中国医学的熟谙，"在所有早期文明中……医学理论都带来浓厚的哲学色彩。因此医书都是哲学思想的重要来源，研究它们就给理解过去的文明献上了一把钥匙。中国也不例外。这个国家有一些在很好的学校受过训练的优秀现代医生和科学家，但对四亿人口来说他们只是个极小的数目。绝大多数人民仍是由传统的中医提供服务，他们切脉、诊查，并像许多世纪前他们先人那样治病。《内经》，……用一种明白易懂、引人入胜的方式发展了关于人的健康和疾病的理论和医学理论。这与写印度草医医经的印度人或希腊希波克拉底时代的医生的做法几乎完全相同——即通过运用当时的哲学概念，并把人看作是能反映宇宙大世界的小天地而加以实现的。在《内经·素问》中详加说明的理论一直保持着在中国传统医学中的统治地位，直至今日。"同年，西格里斯特的《在十字路口的大学教育》汉译本也出版了，他对自己的中文译名（当时译为"西格利斯特"）很满意，并兴奋地在给同事的信中用中文写下这个名字和书名。

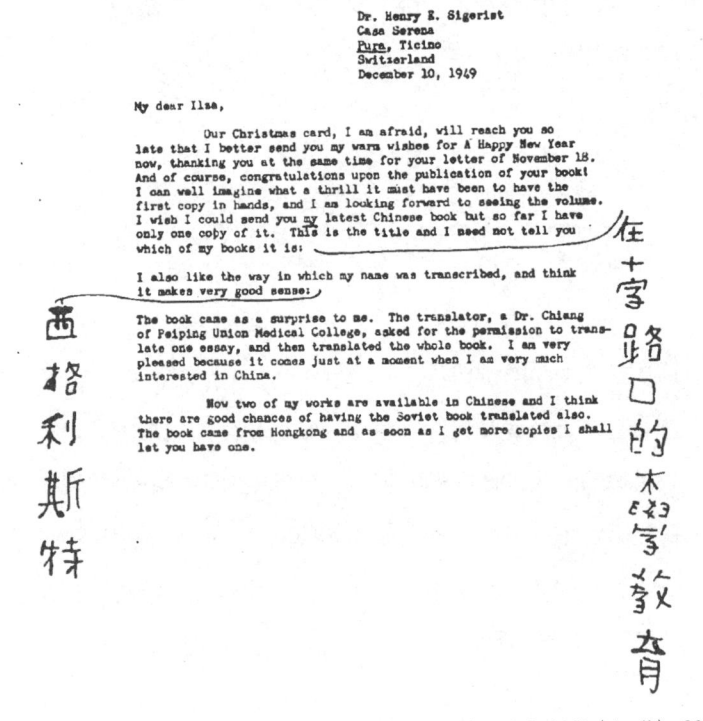

翻拍自 VEITH I, Henry E. Sigerist: Orientalist. Jour. Hist. Med, 1958（April）: 208。

由于西格里斯特为中华医史学会所做的工作，1947年，他被中华医史学会聘为荣誉会员。

西格里斯特对中国当代的发展也极为关注。1951年，当他听说"医学史现在是中华人民共和国所有医校的必修课,最少学时为21小时"时,感到非常快慰。同年,他收到原华东卫生部代部长宫乃泉的信,他对中国发生的变化由衷地感到高兴,并称之为"本世纪以来中国发生的真正的革命"。当时他的《苏联的医学和保健》一书已由宫乃泉译成中文,而且到 1950 年 9 月已印了三版,共计 22000 册。他甚至还接受了到中国进行一次卫生考察的邀请。他原打算在《医学史》第二卷完成后成行,不料病魔竟过早地夺去了他的生命。

七、结语

直到他生命的最后时刻,当疾病削减了他的活力时,西格里斯特仍给人以具有超常生命力的印象——没有无法逾越的障碍,没有无法达到的目标。在他积极而丰富的一生中,西格里斯特著述颇丰,并从不间断其实践活动。早期的学生生涯即显示出他对世界各地人们了解的渴望,他先后学习过 14 种语言,并精通其中的数种。他把掌握语言看作了解一国文化和人民的途径,选择医学和医学史作为毕业研究的对象也基于同一认识。在西格里斯特看来,医学史没有国家和地区的界限,他的一个基本信念就是团结所有不同信仰和种族的人们。他把医学社会学研究与医学史联系起来,并认为两个领域相互丰富。在 20 世纪 30 年代中期以后的 10 余年中,在医学管理事务中发挥的卓越作用,使他成为家喻户晓的人物。1939 年 1 月 30 日的《时代》周刊即用他的照片做封面,并用相当篇幅介绍他的理论和思想。他的坦诚、学识和魅力使他成为罕有的公众人物。

他工作中影响最大的，是他在美国把纯学术的医学史拓展为包括当代各种各样社会变革的领域。一般历史学家主要是对过去的历史感兴趣，但按他的说法，历史是每天都在创造的，是活生生的历史。过去的历史是用来解释现在、预示未来的。当他感到自己的热情正用于对医学作历史的透视，并为建构当前和未来的医学时代作贡献时，他才感到快慰。他是这样一种见解的倡导者——好的医生、科学家、政治家并非产生于更多的专业知识，而是产生于对我们文明的、历史的、文化的和人道主义价值的理解。他热爱和平，对战争暴行深恶痛绝。在国际事务中，他从不隐瞒自己的观点。在德国进行教学和研究的数年中，他因为反对纳粹而被列入黑名单，这促使他将生活舞台移到美国。西班牙内战时，他积极组织救护队，支援抗击法西斯的西班牙政府和人民。二战后不久，在美国，麦卡锡主义甚嚣尘上，这也是他又返回祖国、潜心著述的原因之一。

在欧美，医学史作为一个学科，因他的努力而得永远保留。西格里斯特的逝世，使同道莫名悲痛。1958年在纽约举行的全美医史学会第三十一届年会即以"西格里斯特对学术和人类的贡献"作为主题，足见其在同道心目中的地位。至今，他的思想和品格仍深深影响着世界各地从事这些领域的研究的人们。

（作者：李　剑）

广重彻

日本著名科学史家

广重彻
(Tetu Hirosige, 1928—1975)

广重彻是日本著名的科学史家，在科学技术史研究及科学技术论领域开展了十分重要的工作。他作为一名科学史家，为使科学史在日本成为一门独立的学问而奉献了自己的一生。无论在日本还是在世界范围内，他的研究都呈现出少有的广度和深度。

日本技术史家中冈哲郎认为广重彻是"摆脱欧美研究者和当时权威武谷三男的影响，继续前进的时代的开拓者"，科学史家中山茂评价其为20世纪"60年代后半期到70年代的科学批判先驱"。

广重彻是把国际学术研究标准带入日本科学的社会研究中的第一人，早期作品《战后日本的科学运动》（1960）是社会历史研究中最早的经典之一。在物理学史研究方面，他围绕洛伦兹电子论的形成、玻尔原子结构论的诞生、相对论的起源等课题，在国外有关杂志上发表了一系列有价值的论文。广重彻的书虽然只有《物理学史》被翻译成中文，但是国内学界对他并不陌生：刘海波、郑慧子、许立言等学者就在研究中引入了广重彻的观点。然而，对于广重彻人物本身和他的科学史研究方法学界还没有系统的介绍。近年来，中国近代科学史的研究逐渐兴起，其中不乏有从社会史角度的研究，我们该如何看待中国近代科学的发展？应该用怎样的历史观去理解中国近代科学发展与西方的差距？同样作为向西方学习的后进国，日本又是如何看待和理解本国的近代科学发展？从中，我们能够得到什么启示？等等，这些问题都值得我们做进一步的探讨。本文通过阐述广重彻研究日本近代科学史的方法，希望对于中国近代科学史的研究有所借鉴。

一、广重彻的生平及研究分期

1928年8月28日，广重彻生于日本兵库县神户市。小学六年级时，广重彻的父亲为他买了一本亨德里克·威廉·房龙的《世界人类史物语》，广重彻反复阅读该书，他对科学社会史的关心从这里萌芽。1941年4月，广重彻进入神户一中读中学，加入了学生社团"理化研究会"。当时的社会环境对纯粹的自然科学之类的文化活动不大欢迎，但是他仍然积极参加学会的各种活动，反对军国主义思想。广重彻于1949年进入京都大学学习物理专业。从大学时期开始，广重彻就已经是民主主义科学者协会（以下简称"民科"）的活动家了。民科受到日本共产党的影响，青年时代的广重彻也因此接纳马克思主义的社会观，开始怀抱终生为了实现人民的利益而斗争的思想。

1952年广重彻大学毕业后直接攻读硕士研究生，在汤川秀树的研究室进行基本粒子的研究。汤川秀树于1949年获得日本第一个诺贝尔物理学奖，带动了日本当时粒子物理的研究热潮，大学物理学专业的学生们都决心要以粒子物理为研究方向。广重彻也是其中一员，但是不久他就对基本粒子失去了信心，转向了科学史研究。广重彻从1955年开始，以发表论文《电磁场理论的形成》（与辻哲夫、恒藤敏彦合写）为契机，开始将主要精力投入到科学史研究中。1957年10月广重彻开始在日本大学理工学部物理学教研室担任物理学史专任教师，并专心投入到科学史研究之中。1955年到1959年可以说是广重彻研究开始的时期。

1959年到1963年这5年是广重彻研究的第二个时期。1959年5月开始，广重彻在日本《自然》杂志上连载发表处女作《战后日本的科学运动》，从此，他意气风发地开始了科学史研究工作。这一系列的工作集中体现在1973年出版的《科学社会史》一书中。1963年2月编辑出版的《讲座·战后日本思想4·科学思想》，总结了这一时期的研究活动，并成为今后开展工作的重要布局。

第二个时期的活动主要在物理学史方面，做了两件引人注目的事情，一是发展了场的理论史研究，主要做了关于洛伦兹的研究，这项研究使他获得了理学博士学位，不仅在《科学史研究》上发表了这一论文（1962），而且也发表了最早的英文长论文（1962），这是其研究活动走向国际的出发点。二是1960年出版了物理学史教科书《近代物理学史》，与《战后日本的科学运动》同时完成。尽管该书中许多观点略显牵强，受到读者的指责，但这是他精力充沛、钟情写作时一气呵成的作品。后来，他重新修正了这本物理学史教科书，论述也更加严密，1968年，作为《物理学史1·2》中的第2卷得以出版。《近代物理学史》完成后，他很在意学界如何评判他阐述的内容。他希望这本书成为物理学史教育启蒙阶段的里程碑式著作，因为，物理学史在学术上的独立，首先必须要出版正规的教科书。

除了书籍的出版，广重彻还和同行们一起组织了"精密科学会"。这是通过阅读科学史或科学哲学相关的书或论文，再作报告，然后根据报告进行讨论的形式进行研究的一个研究会。这些讨论对他的研究产生了非常重要的影响。

从 1964 年开始到 1969 年是广重彻研究的第三个阶段。这一时期，他一方面编撰《日本科学技术史大系》中通史篇的第 4 卷和第 5 卷（这两卷主要介绍了日本昭和时期的科学技术史）。另一方面，他也开展了许多物理学史方面的研究工作。

1964 年 10 月，物理学会中的物理学史分会正式成立，物理学史分会从每年召开的物理学座谈会这种半成熟的状态，发展成为具有独立研究领域的分会。这件事对他的一生产生了相当大的影响。物理学史分会成立前后，为了使分会得到发展，研究人员的队伍能够不断壮大，日本大学、东海大学、东洋大学等学校都开展了一系列的活动，广重彻在分会中积极地开展工作。

与此相关的是，《物理学史研究》的出版社也转移到了东海大学（1966 年 11 月），成为定期出版物，每年出版 4 期，这个杂志的编撰委员会会议每月召开一次，作为成员之一，广重彻倾注了大量的心血。1968 年，他开始写物理学史的研究入门参考书《物理学史入门·文献索引》，该文章在《物理学史研究》上连载，另外他还尽力编撰《物理学古典论文丛书》。

从研究活动上看，广重彻从洛伦兹开始，认真考察了相对论前史之后，便从此着手。1965 年，他发表了小论文《相对论的起源初探》，以此为开端，到去世为止一直都从事着这个题目的研究。与此同时，这个研究成为他国际学术活动的立足点，1965 年开始他出席了波兰第 11 届国际科学史大会以后,每届国际科学史会议他都会参加。这一时期,广重彻出版了《物理学史》的第 2 卷。

广重彻研究的第四个时期是从 20 世纪 70 年代开始至逝世为止的这段时间。1972 年秋天广重彻得病住院,他带病准备着将于 1974 年 8 月在日本召开的国际科学史大会。1970 年出版的《应加强科学史研究》,可以说集中体现了他晚年的主张。1971 年出版的谈话体《面临转机的科学》一书,对他的主张进行了详细说明,也可以说是对他的物理学史教科书进行了补充和解释。

1973 年,《科学社会史——近代日本的科学体制》出版,是广重彻在这方面工作的集中体现,另外对洛伦兹的《电子论》和卡诺的《热机研究》的翻译作品,也都在 11 月 25 日出版。1974 年、1975 年,《科学史研究》登载了他最后的论文。1975 年 1 月 7 日,广重彻逝世于横须贺市民医院,年仅 47 岁。

二、广重彻的科学社会史思想

广重彻主张科学史是一门独立的学问,从物理学转向了物理学史研究,进而扩展到整个科学史研究领域。那么,他的科学社会史思想是如何产生的?

首先,早在中学时代,广重彻就对科学史的研究产生了兴趣。科学史的思想威信主要还是由于日本二战战败后已经达到顶峰的科学建立的威信而派生出来的。科学发展成为社会发展的最重要指标,根据科学发展及其条件配置情况来确定社会发展情况的思想方法,是当时关心思想性的年轻科学家的优势。将其称作"科学启蒙主义",这一思想影响了较大一部分日本人。这种具有绝对的思想权威性的"科学启蒙主义"中,为了说明科学发展理论和条件的科学史有很高的思想权威性。在这种状况下,马克思主义的科学史,在非常关心思想性的年轻人中间备受推崇。进而,武谷三男在确立了基本粒子的研究战略之后,又极力倡导向历史学习的重要性,科学界的评论家也以科学史为素材发表了许多论文和随笔,对广重彻产生了很大的影响。

其次,随着广重彻对科学史的兴趣越来越浓,他对基本粒子论研究的幻想逐渐破灭了。对物理学幻想破灭的广重彻,转而走向了科学史研究。

1955 年被认为是广重彻离开物理学、专心从事科学史研究的开始。他给中学时代的好友村田全邮寄了一篇名为 "Relativistic Wave Equations with Maximum Spin Two" 的论文,并对他说道:"这篇文章可以不用读,但这是我与物理学相关的最后的论文。"这时候的广重彻摆脱了在数学、哲学以及与之相关的历史中长期的迷茫,明确地选择了专门的科学史研究之路。1955 年,对于日本物理学史研究来说是具有划时代意义的一年,在这年 10 月的物理学会上,物理学史座谈会正式成立,标志着物理学史作为一门独立的学问从物理学中分离出来。早在 1954 年的日本科学史学会总会上,当时的会长小仓金之助就曾发表题为《最近关于科学史的感想》的演说,批判了当时日本近代科学史研究的现状,他认为:"近来日本科学史有关的业绩,令人感到表面、贫乏。"广重彻认为是因为贯穿近代日本科学史的方法论非常不完备,以及由于封建的、党派的原因,基本上没有对于业绩的批判。即使小仓金之助在自己的论文《身为科学家的羞愧》和《资本主义时代的科学》里面，也没有提出彻底批判的方法。对于这些广重彻都感到非常遗憾。

广重彻在后来还回忆说："本来对物理学十分喜爱的我，之所以投身于科学史，是因为我尝试着投身专门从事物理学研究的工作，但是对这样的物理学感到厌烦。为什么会感到厌烦呢？为了要找到这些答案，只能从科学史中寻找答案了。因此，我认为所谓科学史不是为了使科学进步，也不是为了在人们中广泛地宣传科学。我所认为的科学史，不是无条件地把科学作为前提，刻意为了科学而发挥功用的学问，而是把科学本身当作对象，并对此抱有怀疑态度的学问。科学史应该以批判科学为主，不这样的话，科学史就不是历史而只是在讲故事。"这种可能性带有事后说明的性质，但是对解释转向科学史研究的广重彻来说，是较为贴切的。

这个时候的广重彻认为："在科学发展的历史情况中，研究科学是以怎样的契机开始，并与其他诸多学说、研究产生了什么样的关联，这样的结果是如何被接受，尽量正确地展开这一过程，并以此为基础进行分析，之后使科学发展的必然性呈现出来。"这是广重彻科学史观最初的明确表达。

广重彻的科学史研究是从批判武谷三男开始的。武谷三男是二战后日本思想界的权威，是著名的马克思主义物理学家，"三阶段论"就是他提出来的重要思想。所谓"三阶段论"，是把人对于自然的认识分为三个阶段：第一个阶段是描述现象和描述实验结果，称为现象论阶段；第二个阶段是了解产生现象的实体结构，并根据这种结构的认识，整理关于对现象的描述，以获得规律性，称为实体论阶段；第三个阶段是以实体论阶段为媒介深入到本质的认识，称为本质论阶段。

广重彻从学生时代就接触到了武谷三男的思想，他在1956年的论文中写道："总而言之，战后物理学史的研究都受到了三阶段论的引导。"这个时候的广重彻对武谷三男评价很高。然而，到了1959年，他在论文中写道："科学史的法则不能被抽象的两三行文章给定格化，从各种历史条件的情况来看，重要的是从中具体分析导致这种必然的发展方向的历史情况。"这里面的"被抽象的两三行文章给定格化"很显然指的是三阶段论，广重彻对武谷三男的批判就是从这里开始的。接下来，广重彻就从物理学的角度对武谷三男的思想进行了批判。武谷三男认为，从经典物理学到量子力学的变革中，原子模型的确立有重要意义。在量子力学中的原子模型和在狭义相对论中的光量子论构成了各自的实体论阶段。对于这一点，广重彻一开始是持肯定态度的，然而，武谷三男认为光量子论是从狭义相对论中产生出来这一点，广重彻是反对的，他反而强调了马赫的影响。进一步，他又反对在量子力学成立过程中把原子模型作为实体论阶段的看法，他认为"这与实际的历史发展情况完全不同"。

不仅是在物理学，广重彻还逐步将批判扩展到科学史领域，在1965年写的《科学史的方法》一文中，批判武谷三男成了议论的焦点。他认为"首先应该避免在科学史研究中把三阶段论当作唯一的基础"，并认为把三阶段论作为历史规律要满足三个条件："第一，在历史的进程中，被附上现象论、实体论、本质论特征的意识形态，彼此之间必须要有明确的划分界限；第二，通过某个时代的历史，这样的三个阶段要按照普遍的顺序一个一个相继出现，如果不是这样，就不能称为法则；第三，必须要赋予三个阶段之间的转换理论，就是说一个阶段向下一个阶段转换时，根据如何发生的情况，必须要阐明这个过程所特有的构造。"如果按照这些条件按顺序考察牛顿力学的形成、电磁学的形成、量子力学的形成、介子论的形成，全都能得出否定的结论。

从这里可以看出，广重彻的科学史观是在与武谷三男的三阶段论正面交锋中不断打磨出来的。对广重彻来说，武谷三男不仅是把他引入科学史的航标，也是他做研究不得不超越的人物。

三、广重彻的《科学社会史》

《科学社会史》一书是广重彻在社会史研究方面的代表作，"提出了近代日本科学史研究的方法论和构图的轮廓"。本书中广重彻的基本历史观是：近代日本的科学技术研究体制逐渐完备的过程是在近代化的过程中不断追逐欧美各国，但是成为追逐基础的价值观与欧美并没有本质的区别，从时间上也没有落后很多。也就是说，作者反对的是日本近代科学通史中的"追逐史观"。成为科学技术研究体制调整的基础价值观是：无论欧美、日本都同样存在着民族主义，这一点是相同的。各国的政府与企业都认识到了这种价值观，因此会投入大量资金支持科学技术研究的发展，学术研究也会得到资助，这同样是广重彻的基本认识。

广重彻的成功之处在于使用了科学的"制度化"与"体制化"两个关键词。其中心思想是，总体而言，发达国家的科学在1870年左右开始了"制度化"和"职业化"，在1930年左右进行了"体制化"，进而发展到了现在的状态。他的书出版之时，近代的科学研究系统是欧美先进国在1870年左右形成的，科学技术动员于1930年转变而成的，这已经成为世界科学史研究者之间的共识。广重彻在承认这一共识的同时，认为日本也基本上符合这一规律。

认为在近代科学研究体系中日本有特殊性的观点被称为"特殊主义"，而认为日本与欧美基本相同的主张被称为"普遍主义"，广重彻所持的是"普遍主义"这一观点。在今天这种观点是大家的共识，但是日本二战战败后到1960年的这段时间，却并不是这样的。那段时间，日本近代科学的研究者们认为：西方科学产生于西方的市民社会中，并随着市民社会的发展而发展起来，这与近代日本的发展是不同的。日本残留着封建的社会制度，凭借着发展能与西方国家相匹敌的军事力量而一跃成为帝国主义国家，为此日本政府将科学作为一项国策移植过来，其结果是日本的近代科学缺乏科学精神，并带有浓厚的官僚性、封建性和军事性色彩。这是与"科学启蒙主义"巧妙契合的历史认识。

广重彻很在意急于引进西方近代科学而产生的日本近代科学的弊病。日本在近代科学领域中构筑的高效率的知识生产、流通系统并不成功。他充分认识到这其中还具有"前近代性"的弊端。尤其是与日本战时动员有关的记述，到处都可以流露出他的观点。

但是，广重彻对西方近代科学，也并不是像一个"科学启蒙主义"的代表去美化它,而是采取了军事性、经济性的国家主义的方法去获得冷静的观点。从这一观点来看,决心构建与欧美相匹敌的效率系统,与建立军事性、经济性的国家主义的近代科学的基本观点并不矛盾,他还认识到这种强化能够更加有效率地得到执行。

这里需要注意的是,"体制化"这一关键词本身就是广重彻"反体制"社会观的表现。他心中的"体制",是国家与产业牢牢地结合在一起追求各种利益的资本主义体制,科学与技术一起成为体制中不可缺少的一部分。将科学的"体制化"这一关键词与"体制"相互重合起来的话,科学与人民就会疏远,成为榨取人民劳动的手段,可能还会达到威胁人民的目的。

以上的科学认识,将科学发展当作社会性的善与"科学启蒙主义"激烈的对立,导致了支持者们强烈的反感。这会使广重彻被扣上反体制论者的帽子。但广重彻的确是个反体制论者。同时,他也认识到科学正在进入体制化。于是,根据三阶段论来看,也可以说广重彻是个反科学论者。但是这种议论是没有意义的。广重彻不是反对体制的无政府主义者,只是坚决反对当时的政治经济体制。对科学,他也是同样的态度。

《科学社会史》最重要的成就是,克服了与日本近代科学研究系统相关的"特殊主义",构筑了"普遍主义"的立脚点。本书认为近代日本科学的形成、发展是基本上与世界史发展脚步和轨迹相一致的,从这一点来看,此书出版至今已经经过了近半个世纪,依然不落伍。

而且,此书作为日本大正、昭和时期科学技术研究的通史,记录着重要历史事件及其发展趋势。广重彻将历经半个多世纪的大时间跨度的国家政策史描绘出来。但是，此书也存在着一定的缺陷，导致《科学社会史》对第二次世界大战后的记述有些贫乏。首先，从这一部分的叙述内容上看与选取的时间跨度（25年）相比不够充分。而且其中大部分是关于世界背景和日本学术会议成立过程的分析。第二次世界大战、一战与二战间（总共30年左右）的记述比较充分，战后理所应当也有如此详细的记述，但是作者却没有。其次，从记述的内容来看，战后制度、政策上的事件从头到尾地罗列一番，贯穿其中的主要信息就是政府充分地支持科学技术研究，只是到这里为止。总之，《科学社会史》一书历史分析中，较为欠缺的就是对第二次世界大战后的分析。

  总体来看，广重彻社会史研究的特征是以科学技术体制的历史为研究对象进行分析。也就是说，他的分析着眼于科学技术研究相关的研究机构、制度和资金等的演变；把重点放在与国家政策相关的部分。从这个意义上来说，广重彻的社会史研究可以称作科学技术的国家体制史。国家政策当然把技术开发部门放在重要的位置，只是把学术研究部门当作科技研究体制整体中的一部分。但是，在广重彻的历史分析中，学术研究占了中心位置。对官、产部门中的技术开发活动的分析，与学术研究活动的分析对比，只占了很少的一部分。原因就是广重彻自始至终关注的都是科学、技术二者紧密相连的内容。广重彻研究风格的优点就是在学术和科学分析中有很高的敏感度。而且，不论多么纯粹的学术和科学，被政治经济体制渗透这一点都非常细致地描写了出来。

但是这也是有局限的，随着时代的进步，未必要把国家体制的构造变化、国内外科学技术开发利用体制的构造变化作为自身的体系进行描述。科学和政治权力的关系随着时代变化而被强化的观点，从科学启蒙主义批判的立场展开的态度非常明显，结果导致对构造的分析变弱了。

关于日本科学技术的社会史，从阐述取得平衡的总体角度来看，广重彻的研究显然不够平衡。近代日本社会，在科学之上具有影响力的是技术，但是广重彻的研究并没有把技术体制当作固有的分析对象，而是把它当作科学体制的产生背景和副产品来处理。

如果要顾及科学与技术双方的平衡，这样的科学社会史该持有怎样的史观呢？在资本主义发展史中加入科学技术的视角，这虽然是正统的研究方法，但像解说者一样把科学批判放在历史叙述的通奏低音上，这种视角就产生了偏差。以技术国家主义的发展为基础，把各个部分的发展动向纳入研究视角，从科学批评的角度来看也是有可能的方法。如果能够活用这个研究方法，有可能毫不姑息地指出"政府的失败"。但是科学技术活动中，政府为主导的实施乃至出资只是全体的一部分，必须要注意的是政府对民间活动的影响并不都是有效的。在这里就要认识到这种平衡是与科技活动诸多部门的实力相连的。对于这种平衡的把握也就是对新的近代日本科学技术社会史通史作品的要求。认识和批判广重彻的方法则是这种新的研究方法不可逾越的重要一环。因此，以广重彻的研究为基础，更深一层地进行历史分析是广重彻之后的科学史家的责任。

四、广重彻的科学社会史思想的发展及其对当代的影响

自 20 世纪 60 年代,广重彻在日本大学建立物理教研室以来,到该教研室成为日本大学理工学部中的科学史研究室,已有半个多世纪的发展历程。研究室的第二代继承人是西尾成子,她于 1958 年从御茶水女子大学物理专业毕业,自 1963 年开始与广重彻一起工作,直到广重彻去世。据研究室负责人植松英穗介绍,该研究室是日本大学里面唯一专门从事物理学史研究的研究室,研究方法上也一直延续着广重彻的传统。

广重彻的思想在科学史领域的影响是非常大的,直到今天还在持续着。广重彻的第一部代表作《战后的科学运动》于 1960 年出版以来,两次再版。第一次再版是在 1969 年,正值越南反战运动和学生叛乱,科学、技术以及科学家、技术者的社会责任遭到强烈的质疑。在对科学技术家的重新审视的形势非常高涨的情况下,本书再次受到了热烈的关注。第二次再版是 2012 年。2011 年福岛核事故发生之后,许多科学家、技术者的毫无办法、反应不及时、不诚实等种种行为都暴露了出来,这些唤起了日本国民对科学论、技术论者的关注,这也成了本书再次出版的原因之一。这本书不但是广重彻对于近代日本科学技术的社会史研究的出发点,更是对战后的科学运动状况的生动再现。因此,本书从出版至今多次引起关注,成为经典之作。

广重彻除了对科学史领域有深刻的影响,对其他领域也是有影响的。日本经济学家佐和隆光就按照广重彻"制度化"的概念,精

辟地抓住了近代经济学的根本性质。日本当代科技政策专家有本建男也运用了近代科学技术的制度化这一视角,对日本、欧洲以及有着悠久历史文明的中国和伊斯兰国家进行了比较研究。

就近代科学的产生而言,科学及其体制化在西方都是原发型的,然而近代科学进入中国则经历了传入、接受、融合、展开等过程,对于中国科学、科学体制化来说,都是继发型的。由此,在考量中国近代科学时,我们可以借鉴同样是继发型国家的日本的研究经验。广重彻研究视角的引入,可以弥补关于在研究中国近代科学问题上偏重于欧美研究方法的现状,对中国近现代科学史的研究是有益的借鉴。

(作者:白 欣 李 英)

普赖斯

悠游于科学与人文之间的使者

普赖斯
(Derek John de Solla Price, 1922—1983)

普赖斯是美国著名的物理学家、科学史学家，是科学计量学的奠基者与情报科学的创始人之一。他的研究兴趣十分广泛，涉及科学仪器、物理科学、科学政策研究、科学的指数增长、科学与技术之间的关系等领域，一生发表论文 200 余篇，出版专著 9 部，是一位具有很强的"跨越甚至无视学术领域界限能力"的学者。他在科学史、科学社会学、科学计量学等研究领域的突出贡献，使其在 1976 年获得了美国技术史学会的达·芬奇奖章，1981 年获美国科学社会学研究会的贝尔纳奖章，1983 年成为瑞典皇家科学院外籍院士，同年获科学史研究者的特别荣誉——萨顿纪念讲座。普赖斯逝世后，为了纪念这位具有开创性的学者，科学计量学杂志和科学史学会都设立了"普赖斯奖"用以奖励在这两个领域作出杰出贡献的学者。在普赖斯逝世数十年后，对其横跨科学与人文的研究实践进行梳理剖析，展示"两种文化"融合的可能，使今人更好地理解二者的关系，应当是对普赖斯最好的纪念。

一、学术生涯及影响

普赖斯 1922 年 1 月 22 日出生于英国伦敦的一个犹太人家庭，父亲是一名裁缝师，母亲是一位歌手。普赖斯从小天资聪颖，勤奋好学，出于对物理实验的浓厚兴趣，他在 1938 年中学毕业后没有上大学就直接在西南埃塞克斯技术学院做了一名物理学的实验助理，在这期间他边给学生上课边自学，于1942年在伦敦大学获得物理学和数学的双学士学位，随后作为物理学的研究助理和兼职讲师边教学边研究，于1946年获得伦敦大学物理学的博士学位。1946—1947年获英联邦基金资助，赴美国普林斯顿大学做数学物理学研究。1947年，普赖斯与来自哥本哈根的埃伦·约尔特结婚，迫切需要一份有稳定收入的工作。但由于他的研究与当时经典物理传统研究相违背，要谋得物理学教职席位非常困难，普赖斯便到了新加坡马来亚大学担任了应用数学讲师的职位。

在马来亚大学的三年（1947—1950年），是普赖斯人生当中具有重要转折意义的"意外巧获"的三年，令他享誉学术界的科学指数增长律的研究正是从这时开始的。在新加坡，普赖斯认识了后来成为英国著名历史学家和政治学家的帕金森，正是他使普赖斯对历史产生了浓厚的兴趣。1948年，普赖斯参加了国际科学情报会议，结识了《科学引文索引》的创办人加菲尔德，获取了大量科学文献的信息，开辟了利用大型数据库进行科学的定量研究的新路。1949年，尚未落成的拉斐尔斯学院（现名新加坡大学）新图书馆收到了一整套伦敦皇家学会《哲学汇刊》。而普赖斯恰好负责保管这套漂亮的用小牛皮精装的汇刊，他按十年一沓地把它们放在床头的一排书架上，之后用了一年的时间把它们通读了一遍，在阅读过程中深深地被科学史所吸引。作为副产品，他意外地发现这些靠墙堆放的杂志竟然呈现为一条完美的指数型曲线。1950年，在阿姆斯特丹第六届国际科学史大会上，普赖斯宣读了揭示科学指数增长规律的论文，并于 1951 年在《国际科学史档案》上发表，标志着他从物理学和数学研究转向了科学史研究，也成为他作为科学计量学开拓者的起飞点。正如有学者指出的"普赖斯具有易遇奇缘的伟大天赋"，但他的成就显然与他的努力、坚持和敏锐也是分不开的。1950 年回到英国后，普赖斯在剑桥大学继续从事科学史的研究，在偶然发现了乔叟的天文学手稿后，对行星赤道仪（星盘仪的姊妹仪器）这一中世纪最重要的科学仪器展开了细致的研究，并在此基础上撰写了博士论文，于 1954 年获得科学史博士学位。

1955—1956 年，普赖斯获得纳菲尔德基金会的资助在英国博物馆从事星盘仪器的分类研究。1957 年他来到美国担任史密森学会历史与技术博物馆的物理学和天文学顾问，1958 年第二次到普林斯顿大学开展研究工作，成为普林斯顿大学高级研究院的一员。1959 年秋天，普赖斯作为科学史访问教授来到耶鲁大学历史学系，1960 年成为新成立的耶鲁大学科学与医学史系教授，成为美国第一位阿瓦隆基金科学史教授并长期担任系主任，同时他还兼任耶鲁大学皮博迪博物馆的历史科技仪器馆馆长。他在就职伊始进行的系列讲座即《巴比伦以来的科学》在 1961 年结集出版，强调科学史的跨学科性质，提出"科学人文学"，赢得了科学界的巨大关注。1962 年，普赖斯来到布鲁克海文国家实验室做了"培格莱姆"讲演，就科学的指数型发展及其对社会（诸如政治、资财、国家地位以及未来发展）的影响、科学家的作用进行了描述说明，后来这套讲演集即《小科学，大科学》在 1963 年问世。此后，除了继续进行科学仪器的研究之外，普赖斯的视角进一步广泛地延伸到科学计量学、科学社会学、科学政策研究、科学学等领域。1965年，普赖斯发表了《科学论文网络》，创造性地研究了科学论文之间的引证和被引证关系，"第一次极富创意地运用原始资料编制出一个明确的科学模型，所得结论惊人的漂亮和睿智"。同年3月25日，普赖斯在伦敦皇家学会首次做了有关科学学的演讲——"科学政策的科学基础"，引起了广泛的影响。1971年，普赖斯提出了反映文献老化规律的普赖斯指数，随后又发展了科学计量学中的其他经典定律。1977年，普赖斯成为《跨学科科学评论》编辑委员会成员。1978年，普赖斯和匈牙利的贝克、苏联的多布罗夫、美国的加菲尔德一起共同担任国际权威杂志《科学计量学》的主编。在此期间，普赖斯经常去华盛顿为总统提供咨询，但没达到真正的权力中心，并常常以联合国教科文组织和其他机构的名义走遍世界，获得了无数的殊荣。1983年9月3日，普赖斯在从耶鲁到伦敦访问时，第四次心脏病发作不幸逝世。

　　普赖斯是一位科学素养谨严、具有广阔的人文视野、勇于跨越学科界限的学者，他拥有异乎寻常的敏锐的洞察力、想象力和创造力，这使得他能够系统地运用定量方法对科学进行历史学、社会学、经济学、政治学、伦理学的多角度分析。普赖斯逝世后，《科学计量学》《科学研究》《科学年鉴》《技术作为文化》等许多在国际科学史界和其他学术领域有重要影响的杂志都刊载了纪念他的文章。加菲尔德曾对普赖斯的著作进行过引文分析，结果发现：截至1983年末，至少有2200件以上的出版物引用了普赖斯的著作。这些出版物所属的领域起初是数学、物理学、科学史（尤其是科学仪器史），后来便是科学社会学和科学学，而且有超过半数的引用出版物来自科学社会学和科学学，尤其是《小科学，大科学》《科学论文网络》《巴比伦以来的科学》被引频次居前列。由此可见普赖斯在科学研究领域的巨大影响及特殊地位。普赖斯在诸多领域作出的重要甚至开创性的贡献使得他当之无愧地成为今天诸多学者缅怀的对象。但总体来看，他在科学计量学方面取得的辉煌成就似乎遮掩了其丰硕的跨学科研究成果，尤其是在我国国内，有很多学者都忽略了他在科学史抑或他所强调的科学人文学方面的贡献，只看到了"科学的普赖斯"，而忽视了"人文的普赖斯"。实际上，只有很好地理解了普赖斯的科学人文学思想才能更深入地洞彻他采用科学的方法去研究科学的动机和目的。因此，挖掘进而还原一个真实全面的普赖斯，对于重新把脉科学与人文的关系，有着重要而深远的意义。

二、科学人文学：普赖斯科学研究的人文意趣

科学人文学是普赖斯自造的术语，用来指称他所提倡的对科学进行人文研究的学科，主要是指科学史，也包括科学哲学、科学经济学和科学社会学等相关的整个学科群，亦即研究科学的人文学科。与"科学史教父"乔治·萨顿倡导的"新人文主义"略有不同，普赖斯并未从精神价值层面探究科学的人文意蕴，而是以强烈的跨学科意识倡导通过孕育"学科间性"，把所有人文技巧手段运用于对科学领域的研究。而一旦将科学作为人文研究分析的对象，就必然涉及科学与社会、政治、经济之间等复杂的关联。在"科学

人文学"这一理念的指引下,普赖斯在复杂的历史社会语境中对近代科学文明的诞生、发展及其影响因素进行了生动细致的分析。

1. 科学的历史镜像:科学史研究

普赖斯的科学史研究打破了科学"编史学"的研究体例和传统,使科学史不再仅仅是一系列按照年代顺序编排的伟大人物、事件的谱系,而是综合采用定性和定量研究的方法,关注"小人物""普通科学工作者"的活动以及科学器物与档案资料的分析,通过对古代科学仪器的探究以及科学文献、科学家等增长规律的计量研究,对近代科学文明的诞生与未来发展趋势作出了解释和预测。

普赖斯特别关注历史进程中的某些关键时刻或转折点,在分析近代科学文明为什么诞生于西方的问题时,他就把焦点对准在"亚历山大东征"上。他认为正是这一历史事件使古希腊与古巴比伦两种异质文明碰撞出"科学"的火花,由此古希腊天体几何定性而形象的模型与古巴比伦的定量运算及其结果偶然地实现了完美的融合,造就了西方文明的特异性。当然,科学文明的诞生除了希腊—巴比伦的逻辑和数学传统外,普赖斯认为肇始于阿基米德的实验方法也构成了科学的另一支点。通过对诸多科学仪器的考察探究,普赖斯勾画出了从阿基米德开始到近代科学实验的这条技术主线,对作为近代科学文明诞生基础之一的"实验传统"的形成给出了一种完全不同于柯瓦雷等人强调的那种世界观或思想观念的转换的解释分析思路。

普赖斯通过对科学史上的无字档案——科学仪器相关资料与实物的整理与分析,尤其是对中世纪及其以前的科学仪器的考古,如古希腊安第凯瑟诺岛仪器、雅典"风之塔"、中国水运仪象台等的考证，获得了对近代实验科学兴起历史的崭新认识。普赖斯鲜明地指出："科学革命绝非仅仅凭借一批史无前例的天才在彼时彼刻的横空出世就可以骤然发生，而与其他人全然无涉。"这里，普赖斯展现了其对"将科学史简化成天才人物的科学发现史，并进而将天才人物的科学发现简化成一时的灵感启示产物"观点的拒斥，他关注那些默默无闻地将智慧付诸指尖的技能型人物，也就是历史上许多名不见经传的"工匠""小人物"等，认为通常是他们引领了科学的革命性突破与进展。尤其是15世纪以来，随着印刷术的发明及其在欧洲的迅速增长，普通人能够相对自由地进入被一小撮特权阶级控制的学术世界中，小人物的科学实践造就了群众性科学运动。手工艺匠人、技术实践者队伍成倍增长，迫于生计他们需要不断推销其制造的仪器、设备产品，吸引科学家、业余科学爱好者购买这些产品，从而产生了"从工匠技艺状态向新型科学仪器的有力转换，使科学从古代状态突破而获得爆炸性的增长"，由此带来了近代科学实验传统的形成。因此只有"把科学巨人放到背后的小人物背景中"或是科学实践者运动中才能真正理解近代科学革命的发生。

而为了更好地理解近代科学诞生后的历史发展进程，通过对大量科学文献的查阅，普赖斯充分利用其数学天赋洞见出"科学发展的指数型与逻辑型规律"，对科学的结晶化趋势、小科学向大科学的转变趋势、科学的病态以及科学增长的极限饱和后的震荡与自我控制等进行了统计分析，而这些正是其科学计量学研究的主要内容。因此，普赖斯的科学计量学其实是基于科学史分析的需要的，是其力图把握科学史的"科学规律"的体现。普赖斯的科学史研究以独特的古希腊式的人文直觉和历史逻辑感向我们描绘了一幅由科学仪器、小人物、异质文明的碰撞等多重因素共同作用构成的科学文明诞生史画卷，同时又以其特有的古巴比伦式的对于数的推崇对近代科学诞生后的发展脉络和轨迹进行了卓有成效的数据展示。

2. 科学的社会意象：科学、技术与社会研究

科学、技术与社会研究（即 STS）是 20 世纪五六十年代以来兴起的一个自然科学与社会科学相交叉的研究领域。普赖斯是 STS 研究中重要的一员，他曾与人合作编著出版了第一部 STS 跨学科研究百科全书。普赖斯在这一研究领域最大的贡献就是提出了人类社会已由"小科学"时代迈向"大科学"时代的著名论断，即：在小科学时代，靠个人志趣、少量资助、小规模的实验室、经过少数人的艰苦奋斗，就能作出划时代的科学成就，而到了 20 世纪中叶以后，重大科学成就大多都是大科研集团的产物，科学的发现、技术的发明和应用日益发展成为一种庞大的"社会工程"或"社会事业"，即所谓大科学、大技术。借由"小科学"与"大科学"的区分，普赖斯成为科学社会学默顿传统与贝尔纳传统之外另一种传统的开创者。正如有学者指出，尽管普赖斯本身是一位科学史家，但他所关注的问题其实是科学社会学的问题。

普赖斯曾创造性地对科学与技术的关系进行了社会学的考察。他认为，科学是所有人类活动中非常独特的活动，不能随意把它等同于用来产生技术的东西。科学是重视文献的，它有着紧密的、累积性的结构，科学中的新知识是从与之高度相关的旧知识中"流

溢"出来的。而技术则是拒斥文献的,更注重和依赖于技艺的获取,其累积性体现在手工艺品中,它在工程师手册、使用指南、目录册等中被记载下来,有着自身独立的特殊积累结构。科学研究前沿与技术研究前沿往往只存在外围性的弱相关关系,两者进步与发展的目标是不同的,两者间强有力的相互作用只出现在很少的时候。通过对两者的深入分析,普赖斯指出当时社会中弥漫的反科学主义倾向其实是混淆了科学与技术之间的关系,技术崇拜带来的种种灾难被不合理地转嫁到了科学头上。实际上每一个社会都不得不需要科学,因为它几乎是我们文明的全部。抛开实用目的,采取为科学而科学的政策,使技术家从科学中健康地成长起来,通过合理的政治程序和教育机制,培养那些准备投身于科学和技术事业的青年人乃至所有人的公民责任,在普赖斯看来是实现科学、技术与社会三者良性运行的重要手段。

  基于对科学与技术关系的历史性与社会性的探讨,普赖斯还对科学政策的制定及其依据进行了颇有见地的分析。他指出,科学技术曾经只是我们文明的调味品,但现在已经成为社会发展不可或缺的"维他命",任何一个国家都需要制定合理有效的科学政策来推动科学技术的进步,以维系社会有机体的正常运转。我们必须考虑科学经济学与科学家的社会学与心理学,需要研究人力增加的统计学、基础和应用研究的经济学、科学实践的分配、研究的地理区位、通勤习惯、声望机制等等,构建一套科学知识的特殊体系以便为科学政策的制定提供依据。此外,国家应该尽可能地培育更多的科学家,鼓励科学家之间的相互交流乃至跨国合作，并吸引科学技术专家参与到科学决策中来，同时投入大量的经费和人力支持科学研究的前沿领域，这样才能保证科学技术与社会的共同进步。

除了对科学、技术关系以及科学政策的探讨之外，普赖斯的另一个重要贡献就在于对"无形学院"的研究。受到默顿等人的启发，普赖斯分析了学术杂志论文与科学家社会组织出现的原因。他在概念上扩展了17世纪的玻意耳曾经使用的术语"无形学院"，分析了科学家社会组织的特点，完成了这一术语从科学史到科学社会学的概念移植。他认为具有亲密的人际互动关系的科学家所组成的非正式团体，是科学家通过信息交流形成的看不见的集体，它具有一种内在的自动反馈机制，是推动科学研究前沿发展的重要的社会和认知形式。普赖斯成功地用科学史中的"无形学院"作为把握这类非正式科学团体特征的概念基础，并对其中科学出版发表的伦理学进行了分析，指出"随着信息爆炸时代的到来和政府对科学干预的日益增加，科学研究中过去几代人遵循的直觉伦理学应该被建立在新知识基础上的理性伦理所取代"。从此，"无形学院"成为科学社会学中研究科学共同体及其伦理特质的重要内容之一。

此外，普赖斯还通过对英、法、美、德、苏联、日本等发达国家以及其他一些发展中国家的考察，利用大量统计数据分析了两次世界大战、国民经济总值、国家政策、科学经费的投入等对科学发展水平和速度的影响，并特别指出与"小科学"时代孤僻的、患有政治冷漠症的科学家不同，"大科学"时代科学家的"社会性"越来越重要，科学家的责任感、政治意识、经济意识等的成熟是科学在现代社会正常有效运转的重要保证。总之，普赖斯的科学技术与社会研究同样显示出其跨越科学与人文界限的融通能力，他利用科学计量学的方法为我们展现了科学的社会意象，其中既有采用社会学、政治学、经济学方法对科学的诸多人文省思，又包含其对统计数据之间关系的天才直觉，正如其学生和同事评价的那样：普赖斯拥有将看上去毫不相关的历史与社会事实结合起来并以一种新的迷人的方式展现出来的天赋。而这种天赋无疑是"科学"与"人文"两种思维有机结合的产物。

三、科学计量学：普赖斯人文观照的科学气质

虽然科学计量学这一术语并不是普赖斯发明的，但他却是当之无愧的"科学计量学之父"。普赖斯将"用科学的方法去研究科学"的理念注入到科学史的研究过程中，提出了科学发展的指数增长规律和逻辑型规律，并进一步发展了引文分析方法，使得指数增长律、普赖斯曲线、普赖斯指数、普赖斯定律成为目前科学计量学以及图书情报学、科学社会学、科技政策与管理等研究领域的教科书式的概念。总的说来，普赖斯的科学计量学研究主要集中在两个方面：一是对科学发展的"总体性"规律亦即科学发展趋势的数学概括；二是对科学发展过程中科学家与科学文献关系的统计学把握，亦即对科学内部某些具体规律的归纳。

1. 科学发展的"总体性"规律的发现

在新加坡执教期间，普赖斯意外地发现了科学发展的指数增长

律。他通过大量的统计分析发现，科学家和科学文献的数量每 10—15 年为一周期翻一番，即每隔 10—15 年时间便增加一倍。这种指数增长律使得科学产生特有的"直接性"特征，即"科学的大部分是现代的，而大部分科学工作者也都是在世的"。有史以来科学家总数中的 80%～90% 现在仍在世，任何现在正起步的年轻科学家，在其正常职业生涯结束时，回顾自己这段科学研究之旅，就会发现科学成就的 80%～90% 是他亲眼看着发生的，而只有 10%～20% 才是在他这段经历之前发生的。80%～90% 被普赖斯称为"直接性系数"，它是科学发展指数增长律的结果映现。这一规律的发现迅速引起了相关学者的极大关注，直至今天当我们谈及我们时代的科学、技术与知识的爆炸特点时，总是要援引普赖斯的"指数增长律"。正是由于指数增长律的发现，普赖斯能够比其他人更准确地理解和把握科学对社会的重大影响以及现代社会的发展趋势。

当然，普赖斯也理性地指出，在科学发展史上，指数规律并不总是成立的，它在达到某一界限时就必须放慢和停止，否则就会达到荒唐的地步。普赖斯利用历年《美国科学家》人物汇编的数据发现，由于科学家在人口中的密度的日益增加，"如果科学呈指数型发展不转变为逻辑型发展且静止下来的话，再有 4 个 50 年就会出现每一百万美国人中竟有两百万科学家的荒唐局面"。因此，科学发展的所有明显的指数型规律终将成为逻辑型。科学的指数型发展只不过是逻辑斯蒂曲线的初始阶段，科学的发展一旦进入反曲点附近的中段，惯常的指数型发展便告结束，其后另需 30—45 年，科学发展至其精确的中点，此后一同等时期，曲线实际上将达到其上限，再有一代人的时间，科学将面临由于一贯的指数型发展所产生的不利局面而逐渐趋向标志其衰老线的危机点。这也意味着，按照逻辑曲线增长理论，当科学发展到一定阶段时，科学进步将会停滞，甚至"自我窒息"。但是，长期以来科学呈指数型的发展并不愿意它的发展曲线被拉平，在其达到发展上限前就开始起伏翻扭，出现了震荡性的自我控制现象，由此可能出现阶跃型、不确定型、发散振荡型、收敛振荡型四种不同的表现。普赖斯通过对原料生产规律、欧洲大学的数量、粒子加速器工作能量的增长率以及化学元素的发现数量的分析，进一步对科学发展的逻辑性规律的异常进行了解释和说明。

总之，在普赖斯看来，科学曾经历了相当长时期的纯指数型的发展，而且这种发展在某时必然开始中止，接下去又是一个跨越一代人的增长抑制期，在此期间，科学的结晶化趋势明显，科学储力紧肌，准备下一个跃进，这个跃进或是呈阶跃型或是呈猛烈的波动型。科学发展的饱和状态是不可避免的，但饱和绝不暗指死亡，相反它标志我们将有一个崭新的、振奋人心的战术，遵循新的基本规律的科学新开端。从这里，我们可以看出，普赖斯对科学进步的理解并非是线性的或者说是直线累积的，科学的阶跃型发展保证了科学的不断进步，但同时这种进步往往是"革命性的"，而非"改良性的"，这与库恩的"科学革命"的思想似有异曲同工之妙：库恩更多地从哲学的角度指出"前科学—常规科学—危机—科学革命—新的常规科学"的科学发展模式，而普赖斯则是用数学统计的方法发现了这一规律模式。

2. 关于科学家与科学文献的"具体性"规律的概括

普赖斯在对科学发展的总体趋势即科学的指数型—逻辑斯蒂型发展规律作出分析后，又对科学论文间引证与被引证的关系、文献老化的速度、科学家生产率等更为具体的问题进行了细致的统计学解读。

普赖斯研究了科学论文之间的引证和被引证关系，以及由此形成的引证网络。普赖斯发现：每篇论文平均引证参考文献数目是 15 篇；在任何 1 年里，大约有 35% 的论文不曾被任何文献引用；科学论文的最大引用文献年限，即文章被引用的峰值是该文章发表以后的第 2 年；某 1 年里，科学论文的受引与施引之间存在一种平衡，这种平衡就是引文网络图。普赖斯根据网络分析的原理，提出了能指明科学研究前沿的定量模型。他指出：第一流的科学家应密切注视他的同事和同代人的工作，因为科学研究前沿依赖近期的研究成果。在网络图上，必有密集分布的小条或小块，如果把这些小条或小块研究清楚，就可以绘制当代科学的地形图。随着这幅"科学地形图"的建立，人们就可以指明各类期刊、各个国家、各国科学家、各种科学论文在科学地图上应当占有的位置、它们之间的相对联系和相对重要性。

普赖斯还提出一个衡量各个知识领域文献老化的数量指标，即后人所称的"普赖斯指数"。亦即在某一知识领域内，把对年限不超过 5 年的文献的引文数量与引文总量之比当作指数，用以量度文献的老化速度和程度。一般来说，某一学科或领域文献的普赖斯指数越大，半衰期就越短，说明其文献的老化速度就越快。普赖斯指数是衡量科学文献老化的定量指标。普赖斯认为，"有现时作用"的引文数量与"档案性"引文数量的比例，是比引文的一半寿命更为重要的特征。文献的半衰期只能笼统地衡量某一学科领域全部文献的老化情况，而普赖斯指数既可用于某一领域的全部文献，也可用于评价某种期刊、某一机构甚至某一作者或某篇文章的老化特点。

此外，普赖斯通过对沉睡了30多年的洛特卡定律的发掘修正，提出了著名的普赖斯定律。他认为，洛特卡定律没有深入剖析科学发展中"大生产者"与"小生产者"、"大贡献者"与"小贡献者"之间的关系，由此他引入"杰出科学家"或"高产作者"的概念，指出约有 1/3 的论文和少于 1/10 的作者是与高论文产出率相关联的，并进一步导出，平均每个作者发表论文 3.5 篇，这样，如果我们知道了在某一学科领域内有多少篇论文发表，就可以算出有多少作者写了这些论文，甚至可以算出对该学科做出卓越贡献的那一小批科学家的数量。通过相应的数学推导和计算，普赖斯指出：科学家总人数开平方，所得到的人数撰写了全部科学论文的 50%，即完成该专业论文总和一半的高产作者的人数在数量上等于该专业作者总数的平方根。

不难发现，无论是对科学发展规律的概括还是对科学家与科学文献数量及其关系的计算都显示出普赖斯高超的数学掌控能力和对数字的敏锐直觉，这种本能或者说天赋显然是古巴比伦式的，是一种将一切现象归之为数字表达的习惯和冲动，而普赖斯向我们证明了这种用数学语言书写历史之书与社会之书的魔力与魅力。从这个角度而言，普赖斯是"毕达哥拉斯式"的，他在某种程度上也认为"数"构成了实在，是我们把握科学乃至一切社会现象和问题的基本工具。但另一方面不容忽视的是，他对数据表征的分析又超出了单纯的统计学的解读，而是带着人文意蕴、充满想象力地去观照这些数据的意义，"逼迫"这些数据"热情"地展现出其背后丰富的人文意趣，从而使得科学发展的历史趋势、科学技术与社会的关系、无形学院的关系网络、科学的分层结构等问题得以被更加清晰准确地理解，进而也为科研管理以及科技政策的制定提供了可资参考的坚实依据。

四、启示与评价

总体而言，普赖斯是一位杰出的科学的社会研究的革新家。"他同库恩和默顿一道，使科学的社会研究经受了一场'革命'。在贝尔纳开创的通向科学学的道路上，他创造性地提出了'大科学'的概念，深刻地阐发了'科学的科学'（即科学学）的思想及含义，为现代科研管理奠定了重要的理论基础；他天才般地发现了著名的科学发展指数增长规律和'普赖斯平方根定律'（即普赖斯定律），从而把科学计量变成了一门科学；他长于科学仪器学的研究，解决了诸如古希腊齿轮、乔叟星盘、中国古天文钟等科学史难题；他突破传统概念，运用科学计量学成果，成功地解释了各种科学政策问题，被誉为'新的科学政策研究纲领的建筑大师'。"总之，普赖斯的研究既受益于他自身良好的自然科学知识背景，也得益于同时代人贝尔纳、默顿、李约瑟等人的影响，他的研究体现出鲜明的科学与人文融合的特色。虽然普赖斯并未像大多数学者那样对科学与人文本身的意涵、价值基础、危机困境等作出深入透彻的反思，但他却以某种"行动者"的姿态，在其长期坚持不懈的研究实践中身体力行地将科学思维、意识与人文思维、意识有机地整合到一起，以一种较有说服力的方式展示了科学与人文融合的可能。他对于科学与人文两种文化鸿沟的消解是跨越学科式的，与社会建构论者或科学知识社会学试图模糊与否认两种文化差异的观点不同，当他提出科学人文学这一术语时，其实已经包含了他对两种文化分野的默会，他主张科学人文学须由三到四份的科学史配一份科学哲学作主食，再加上若干科学社会学和科学心理学的微量元素，这张配餐表很好地展现了普赖斯对科学与人文的态度与看法。

当然，不可否认，普赖斯弥合科学与人文裂缝的努力是不彻底的。普赖斯基本仅从学科融合的角度试图跨越科学与人文的界限，这可以说是一种最低限度的"科学与人文"的融合，而关于人性、自由等人类终极价值的思考在他那里鲜有涉猎，因而难以为科学与人文的殊途同归提供最有力的辩护，多少给人带来"未曾真正挠到痛处"的遗憾。但不管怎样，普赖斯的确一直努力地奔波于科学与人文之间，力图实现二者的完美融合，他在它们之间的游走虽然不能说是绝对成功的，但确是予人启迪的。如果在现阶段我们尚无力在终极价值关怀意义上实现科学与人文的和解，那么像普赖斯一样，一边以古希腊式思维的放达高远给予科学研究全方位的人文观照，一边以古巴比伦式思维的精细缕析赋予人文探究精确的科学气质,让倾向于古希腊思维阵营的人文学者多些"科学素质"的训练,让倾向于古巴比伦思维阵营的科学家多些"人文素养"的熏染,将是最具可行性的合适做法。或许,普赖斯并未给予我们关于科学与人文之间关系的振聋发聩的论断,但他极富洞察力和想象力的实践却提醒着我们:究竟如何修补科学与人文的断裂,缩短这"两点之间最长的直线"的距离,付诸行动才是成功的开始。

(作者:刘翠霞)

# 洪 谦
维也纳学派成员、逻辑经验论在中国的传播者

洪 谦
(Tscha Hung / HONG Qian, 1909—1992)

一

1992年2月27日,中国当代著名哲学家、翻译家、维也纳学派成员、逻辑经验论(也叫逻辑实证论)在中国的传播者洪谦教授溘然长逝了。这对中国哲学界是一个无法弥补的巨大损失。我们,作为他的晚辈和学生,感到无限悲痛,特谨撰此文,以寄托我们的哀思。

洪谦,又名洪潜,号瘦石,安徽歙县人,1909年10月21日生于福建省。父亲是富商,经营茶叶出口贸易。洪谦在东南大学预科求学时,在《学衡》上发表一篇有关王阳明的文章,为康有为所赏识。康有为约他到上海天游书院相见,并推荐他去拜梁启超为师。梁启超又介绍他去日本帝国大学(当时的名称)师从阳明学权威宇野哲人。在日本时,研究院助教程衡对他帮助很大,二人成为挚友。因病,半年后即回国。又在清华大学国学研究院预科旁听一年,梁启超和助教梁廷灿对他严加教导,成为他的恩师和畏友。

1927年,梁启超推荐他去德国耶拿大学随精神哲学家、1908年诺贝尔文学奖获得者倭铿学习精神哲学。但在洪谦到达德国时,倭铿早已逝世。他就在耶拿大学学习物理、数学、哲学,在维恩处听物理课,也听过新康德主义者鲍赫和现象学家林克的哲学课。因为赖兴巴赫的两本有关爱因斯坦和相对论的书给他的印象极深,遂转学到柏林大学听赖兴巴赫的课。因为他对哲学有兴趣,赖兴巴赫建议他去维也纳大学随莫里茨·施利克(又译莫里兹·石里克)学习。1928年,洪谦到了维也纳,成为施利克的学生。施利克建议他首先扎扎实实地学习自然科学,特别是数学和物理。他听过哈恩(又译汉恩)的数学课,听过埃伦哈夫特的物理课。施利克还要他到卡纳普(又译卡尔纳普)那里听数理逻辑,并暂时放弃一些哲学课,只听自己的哲学课和魏斯曼主持的哲学讨论课。后来他也听过克拉夫特的哲学课。

从1930年开始,洪谦应邀参加每星期四晚上举行的施利克小组会议,成了维也纳学派的正式成员。在施利克的小组会议上,除施利克、哈恩、卡纳普、魏斯曼、克拉夫特外,洪谦还结识了维也纳学派的其他成员,如诺伊拉特、弗兰克、法伊格尔、门格、格德尔、支尔塞尔、考夫曼、拉达科维奇、奈德、兰德、不伦瑞克、亨佩尔等。当时参加过维也纳学派会议的还有波兰的塔尔斯基、赫维斯泰克、亚希科夫斯基、奥西亚松、林登鲍姆,英国的艾耶尔,意大利的杰莫纳特,南美的林德曼。纳格尔、赖兴巴赫、凯拉、奎因(又译蒯因),也是维也纳学派成员,但是洪谦在会议上未和他们见过面。学派中的那些年轻成员,如舍希特、斯坦哈特夫人和霍利切尔与洪谦也很友好。尤霍什与洪谦也相识。据洪谦回忆,学派中的气氛是很和谐的,相互之间彬彬有礼,友爱诚恳,但在哲学观点上相互争论,毫不客气。

1929年,新康德主义者贝格曼的《物理学中围绕因果性的争论》一书问世，引起了西欧哲学界的哗然，因为这本著作激烈地反对物理学中的非决定论。根据施利克的建议并在他的指导下，洪谦以《现代物理学中的因果性问题》为题，撰写了他的博士论文。论文曾经量子力学创始人之一海森伯审阅。洪谦在论文中阐述了："物理学中的因果性概念""决定论与非决定论""因果性的'本质'""因果性与量子力学""统计律和'或然律'""因果序和时间序"等问题，洪谦从经验论的因果观出发，批判了康德的先验因果观以及约定论的因果观，根据海森伯的测不准关系，指出决定论的因果律在量子力学中失效了。但这种因果律的失效并不意味着因果律在原则上的不可能性。他进而讨论了统计规律和所谓的"或然律"、必然性和偶然性的范畴，并指出："在自然中决不存在两类规律性，而只是存在两种分布，即因果分布与或然分布。虽然两者描述自然界中同样的事实，但只有前者能说明自然知识。"这篇论文从物理学的最新进展出发，从哲学的高度探讨了因果性问题，这在当时是一项开拓性的工作，具有理论和现实的意义。1934年，洪谦荣获维也纳大学哲学博士学位，以后继续在维也纳大学从事研究工作。施利克和他的师生关系十分亲密。他时常到施利克家中欢度节日或会见客人，例如艾耶尔、已移居美国的法伊格尔、物理学家海森伯和哲学家卡西雷尔等。

1936年6月22日，施利克被一个患精神病的学生枪杀了。此后，维也纳学派实际上已经瓦解。洪谦也于1937年初返回中国。1938年，纳粹德国占领奥地利，把维也纳学派的哲学视为"反动哲学"而予以禁止。维也纳学派的大部分成员也先后流亡到英、美等国，在英语世界产生了巨大的影响。

二

洪谦在 1937 年初回到北京以后，任清华大学哲学系讲师。七七事变爆发后，辗转逃亡至西南地区。1940 年至 1945 年在昆明西南联大哲学系任教授。抗战胜利后，从 1945 年到 1947 年，在英国牛津新学院任研究员。回国后，从 1948 年到 1949 年，在武汉大学哲学系任教授兼系主任。

在这期间，洪谦在清华大学、西南联大讲授维也纳学派的逻辑经验论，重点讲施利克的哲学观点。同时，洪谦先后在《思想与时代》杂志上发表了《自然科学与精神科学》《维也纳学派的基本思想》《维也纳学派与现象学派》；在《思想与时代丛刊》第四种《科学概论新编》上发表了《科学与哲学》《维也纳学派与现代科学》等文；在《哲学评论》上发表《维也纳学派与玄学问题》《或然性的逻辑分析》《论新理学的哲学方法》等文；在《学原》上发表了《康德的先天论和现代科学》。他又在上述有关维也纳学派的文章的基础上，编写了《维也纳学派哲学》一书，于 1945 年在上海商务印书馆出版。此外，他又写了《莫里兹·石里克与现代经验论》一文，在美国《哲学与现象学研究》上发表。

20 世纪 40 年代，可以说是洪谦先生在学术上最活跃、论著最丰硕的十年。正如贺麟先生所说："惟洪谦先生亲炙于施利克最久，具极大的热忱，几以宣扬施利克的哲学为终身职志。他所著《维也纳学派哲学》一书，算是比较最亲切而有条理地介绍此派思想的书。"确实,在这些论著中,洪谦介绍了维也纳学派的科学观、哲学观和科学世界观,同时发扬分析哲学的批判精神,批判了传统的形而上学、康德的先天论、现象论和精神科学派、马赫的实证论哲学以及冯友兰的新理学,也介绍了维也纳学派内部的争论,因而在中国哲学界吹进了一股清新的风,为逻辑经验论和分析哲学在中国的传播作出了卓越贡献。

(1)介绍维也纳学派的科学观、哲学观和科学世界观。洪谦指出,维也纳学派认为,哲学不是一种科学而是一种活动。"科学是研究实际真理的学问,哲学则是研究实际真理意义的学问。""至于哲学之为研究意义的活动所应用的方法,即是所谓苏格拉底的语言分析的方法。""所谓哲学的问题,就是对于表达与叙述的本质的一种逻辑反省,对于语言与概念的应用的一种逻辑分析。""对于确定一个问题之为真为假或有无意义,原则上是以能否说明它的证实方法为标准。""所以施利克说:'问题的意义就是它的证实方法。'""哲学就其本质而言,是不能超出科学或与科学并列,而是属于科学范围内'活动'的一种学问。""一种科学的'世界图景'成为一种哲学的'世界观',所必须的不是所谓新的形而上学思想的加入,而是我们对于它应有彻底的了解。""一个哲学家欲建立他的'世界观',则非以科学的'世界图景'为根据不可。哲学不能从它的任意思辨中建立起它的'世界观',它必须从经验科学中来。"

(2)批判传统的形而上学。施利克将认识(erkennen)与体验(erleben)相区分。"一切知识仅在于形式,而不在于内容。""知识是以形式构造为对象，体验则以主客观世界的一致为对象；知识是科学的基础，体验则是生活的方法。"传统的形而上学的命题是不能证实的，因而无所谓真假，没有意义，不可能成为知识理论。但是，维也纳学派并不主张取消形而上学。施利克说过："形而上学的体系虽不能给我们以实际的知识，但确能给我们以生活上许多理想和精神上许多安慰。所以人称形而上学为概念的诗歌。"洪谦还指出，在人生哲学方面，"施利克则是一个十足的形而上学家"。他认为，人生是一种"游艺"，追求"乐趣的感觉"，追求纯真的"爱"与天赋的"善"，以接近"青春的境界"。所以，维也纳学派对形而上学的批判，并不是要取消形而上学，而是要界定它的范围，益形显露它的本质。

（3）批判康德的先天论，提出分析命题、综合命题两分法。康德认为，有所谓先天综合判断，例如欧几里得几何学、因果律等，都属于先天综合判断，即一种具有先天性的实际判断。施利克根据现代数学和物理学的发展，指出：数学几何学的命题是与实际无关系的、具有先天性的分析命题。而物理几何和因果律则是综合命题。欧几里得几何与广义相对论中的实际空间就不一致；因果律在量子力学中已不普遍有效。它们都是不具有先天性的实际的综合判断。所以，不存在先天综合判断。

（4）批判马赫的实证论。洪谦指出，逻辑实证论（或逻辑经验论）虽然继承了马赫的实证论的反形而上学的精神，但它与传统的实证论却有着根本性的分歧。

第一点，传统的实证论认为物体的实在，仅为一种"感觉的复合",它是不能根据抽象的科学概念认识的。逻辑实证论派则认为……哲学上的实在问题的对象,不在于确定物体的实在在感觉之内外,而在于分析关于物体实在的命题之逻辑意义所在:不是什么是实在或不实在的是哲学的问题,而是假如什么是实在的,那么关于这个实在的命题一定具有证实的意义才是一个典型的哲学问题。一切科学的抽象公式因其有经所与试验的可能性,所以其实在性不亚于能感觉的对象如桌子板凳等等。所以维也纳学派中人说:"原子不是一个逻辑的构造",不是一种"思维的方法",而是绝对实在的。

第二点,传统实证论派认为一切科学的命题,并不包含关于实际的真理,科学也不是一种实际真理的体系。科学的主要作用,仅在于"思维的经济原则"的完成,……但是逻辑实证论……肯定了科学为一种实际的真理体系,哲学不过是将这样的真理体系内所包含的基本概念加以逻辑地说明:就是将它应有的明确意义确定下来,含混的歧义排斥不用。

第三点,传统的实证论派是否定哲学的一切作用,甚至欲取消它。逻辑实证论则指出哲学确有其伟大的任务和目的,它对于科学概念明确意义的说明,是不亚于科学对于实际真理的发现,……此外,……逻辑实证论对于形而上学的反对,与传统实证论微有不同:就是它虽否定形而上学在知识理论方面的作用,可不否定它在实际生活方面的意义。

第四点,传统的实证论仅以心理分析为其方法论的根据,而逻辑经验主义则把数理逻辑作为哲学分析和论证的主要工具。

（5）批判现象论和精神科学派。洪谦批判了现象学派胡塞尔和舍勒的"物的先天论"，认为它是同语反复的纯粹形式法则。他也批判了狄尔泰、温德尔班德和里克特等人的精神科学（或历史科学、文化科学）观。狄尔泰等人认为历史科学、文化科学、精神科学是在自然科学之外的独立的科学，是与自然科学相对立的，是两种根本不同的知识。洪谦则从维也纳学派的统一科学观出发，认为：科学之为知识理论的体系，就是一种真理的系统。真理从其本质而言，是统一的整体的联系而不可分离的。洪谦称精神科学为自然科学范围内的一种学科则可，认其为一种与自然科学根本不同的、或对立的科学则不可。

（6）批判冯友兰的新理学。1943年，冯友兰在《哲学评论》（八卷一、二两期）上发表了《新理学在哲学中的地位及其方法》一文，把人类知识分为四种：数学、逻辑；形而上学；科学；历史。他还指出，一切似是而非的传统的形而上学已被"现代批评形而上学最有力的维也纳学派""取消"了，但他的只包含形式命题、一片空灵、不肯定实际的新理学，不但没有被取消，反而它的本质因之"益形显露"。

洪谦首先不同意冯友兰把形而上学纳入实际的知识理论体系，并指出：冯友兰的形而上学命题如"山是山，水是水。山不是非山，水不是非水。山是山不是非山，必因有山之所以为山，水是水不是非水，必因有水之所以为水"，在原则上就是一些对于事实无所叙述、无所传达的"重复叙述的命题"。

洪谦认为，传统形而上学"虽不能成为一种关于实际的知识理论体系，但在人生哲学方面则具有深厚的意义和特殊的作用"，所以不能加以"取消"。而冯友兰的形而上学，因为是空洞的重言式，在人生哲学方面也无深厚意义，反不如传统形而上学之富有诗意，足以感动人之心情，因而有较大的被"取消"的可能。

洪谦的这个批评是1944年11月11日在中国哲学会昆明分会第二次讨论会上的一个讲演，当即引起冯友兰的答辩。金岳霖、沈有鼎也发言，替冯友兰解围。这是逻辑经验论和冯友兰的新理学的一次公开交锋，是中国当代哲学史上一场很有趣的辩论。

（7）介绍了维也纳学派内部关于知识基础论的争论。维也纳学派虽然在坚持科学经验论、语言的逻辑分析和反对传统形而上学等方面是一致的。但在若干问题上，特别是知识基础和真理论等问题上，学派内部却存在着十分激烈的争论，主要是以施利克、魏斯曼为一方的"右翼"和以诺伊拉特、哈恩、弗兰克和卡纳普为一方的"左翼"之间的争论。洪谦在1949年发表的《莫里兹·石里克与现代经验论》一文中，评述了施利克与诺伊拉特、卡纳普的争论。诺伊拉特和卡纳普把忠实地表征了纯粹事实的"原始记录语句"（如"在某时某地某人看到如此这般"）作为人类知识的绝对确实的基础。施利克认为：原始记录语句本身实际上是经验的，它们同其他各种科学语句一样具有不确实性。把原始记录语句从总的科学构架中单独挑选出来显然是没有意义的，因此，要想在原始记录语句中找到科学知识的基础也是不可能的。他认为，只有观察者个人所作出的"确证"（如"现在这里是蓝色"）才是绝对确实、无可怀疑的。施利克认为："科学的最终基础问题就会自动地转变成知识与实在的坚实联系问题。……这些绝对固定的联系的特殊面貌，就是确证；它们是仅有的非假说性的综合命题。"他接着写道："但是，无论从哪方面讲，也不能把它们看作是科学知识的基础。知识和它们的接触仅仅发生于这些稍纵即逝的闪光的场合。知识从这些闪光中获得了营养与力量，而又在这些闪光中消失。这些闪光和燃烧的时刻是绝对必不可少的。所有的知识之光来自它们。哲学家在寻求一切知识的基础时所实际探求的正是这种光芒的源泉。"洪谦认为，这就是施利克对待原始记录语句的立场，也是对待"物理主义"的立场。澳门东亚大学周柏乔先生在一篇文章中指出：奎因在1951年发表的《经验论的两个教条》对卡纳普的原始记录语句和还原论作了批判。而洪谦在1949年介绍的施利克的思想，实是"这个想法的先驱者"。

在这里，我们想把洪谦的《维也纳学派哲学》一书和艾耶尔的《语言、真理与逻辑》一书进行对比。二者都是以向本国读者介绍维也纳学派的逻辑经验论为宗旨。但前者是向缺乏分析哲学传统的东方中国作介绍；后者是向有经验论和分析哲学传统的英语国家作介绍。前者比较忠实与全面；后者更多地阐述作者自己的观点。前者自1945年出版以后，长期未能再版，直到40多年后的1989年才得以再版，并重新引起人们的重视；后者自1936年出版以后，一再重印、再版，至今不仅是英语世界中一本畅销的基本哲学读物，而且已译成多种文字（包括1981年出版的中文版），在全世界流传。由于传统和社会环境的差异，二者的命运截然不同。

三

1949年10月，中华人民共和国成立时，洪谦正在武汉大学哲学系任教授兼系主任。1951年受陆志韦之聘请，任燕京大学哲学系教授兼系主任。1952年院系调整后，改任北京大学哲学系教授兼外国哲学史教研室主任，直到1965年。之后，他仍任北京大学教授并兼任北京大学外国哲学研究所所长。

从1949年下半年到1956年，洪谦没有发表什么著作和文章。1957年3月，在"双百方针"的鼓舞下，他与教研室同仁联合编写的《哲学史简编》出版了。本书以不大的篇幅，把西方的哲学史、马克思列宁主义哲学史和中国的哲学史作了简明系统的介绍，突出了哲学史上唯物论与唯心论的斗争，成为当时广泛流传的一本哲学史的通俗读物和基本教材。同年6月他又发表《应该重视西方哲学史的研究》一文，建议领导"放弃重'中'轻'外'的思想"，强调了研究西方哲学史的重要性，不应当简单地把现代西方哲学的"一些主要学派作为'一种帝国主义时代腐败、反动透顶的东西'排斥于研究领域之外"，他在写到这一点的时候，肯定是想到维也纳学派的。他还提出了补充西方的图书、期刊和培养新生力量的建议。同年，他还在《北京大学学报》上发表了《康德的星云假说的哲学意义——读〈自然通史与天体理论〉的一些理解》一文，指出这个假说实际上是牛顿力学与笛卡儿的发展观点的调和。在同年第3期《哲学研究》，洪谦发表了《介绍马赫的哲学思想》一文。该文考察了马赫的《力学发展史》《感觉的分析》《认识和谬误》三部著作，介绍了马赫的生平及其影响、马赫哲学观点形成的基础、马赫的要素一元论、因果关系还是函数关系、思维经济原则和唯意志论。这三部著作对马赫的哲学思想作了比较全面系统和实事求是的评述，肯定了他的科学贡献，指出了他的哲学的巨大影响，这在当时是难能可贵的。洪谦在该文的开头就指出：1895年维也纳大学为马赫设立的"归纳科学的哲学"讲座（1902由玻尔兹曼、1922年由施利克担任），是形成当代逻辑实证论的历史基础。

1958年3月，洪谦又在《光明日报》的"哲学"副刊上发表了《休谟的〈人类理解研究〉评介》一文。文章一开始就指出了休谟的纯粹经验论和怀疑主义对近代哲学的发展具有巨大影响，是马赫主义、实用主义、逻辑实证论的理论基础之一，然后对《人类理解研究》一书作了简明中肯的评述。

1957年夏天到1958年。中国大陆开展了反右派斗争和所谓的"教育革命"，"双百方针"带来的自由争鸣气氛很快就烟消云散了。

在以后的20年中，为了培养哲学系的学生，为了给学生提供系统的西方哲学史的原始资料，洪谦把他的主要精力投入到编辑和翻译工作中去了，但他始终坚持阅读国外的哲学期刊和文献，追踪着逻辑经验论和分析哲学的新发展。

在洪谦先生的主持下，北京大学外国哲学史教研室编译出版了一整套《西方古典哲学原著选辑》。《古希腊罗马哲学》于1957年由三联书店出版，1961年以后，改由商务印书馆出版。《十六—十八世纪西欧各国哲学》，1958年由三联书店出版，1961年以后改由商务印书馆出版。《十八世纪法国哲学》，1963年由商务印书馆出版。

《十八世纪末——十九世纪初德国哲学》，1960年由商务印书馆出版。《欧洲中世纪与文艺复兴时代哲学》尚在编译过程之中。因为洪谦先生一贯提倡，学西方哲学一定要学好外文，精读原著，掌握第一手材料，而当时学生很难得到外文原著，只好用这套原著选辑来取代。这套选辑最先是用作北大哲学系学生学习的参考资料，以后经过补充修订，于1957年后陆续出版，成为我国广大哲学工作者的基本学习资料。

20世纪60年代初，洪谦又主编了《西方现代资产阶级哲学论著选辑》（商务印书馆1964年初版）。其中收集了当代西方哲学中9个主要流派，即意志主义、实证主义、新康德主义、新黑格尔主义、直觉主义、实用主义、逻辑实证论、存在主义、新托马斯主义的23个代表人物的代表性著作，成为我国研究当代西方哲学的重要参考材料。近年来，洪谦又主编了此书的修订本，改名《现代西方哲学论著选辑》，增加了现象学、结构主义和诠释学三个流派，把逻辑经验论扩展为分析哲学（内含逻辑实在论、逻辑经验论、整体论、语言分析哲学、批判理性主义、历史社会学派共6个流派）。代表人物由23个增加到49个，分两卷出版。在1991年底，他刚刚看毕清样，此书尚未正式出版，他就与世长辞了。

四

从70年代末直到他1992年逝世，洪谦担任北京大学教授，并兼任外国哲学研究所所长（直到1987年）。从1979年起，他还兼任中国社会科学院哲学研究所研究员和学术委员会委员。他也曾兼任英国牛津大学客座研究员（1980、1982、1984）和日本东京大学客座教授（1986）。他还是中国现代外国哲学研究会名誉理事长、中英暑期哲学学院名誉院长。1984年，他又荣获奥地利维也纳大学荣誉哲学博士。

在这一时期，洪谦积极开展了国际间的学术交流活动，除了经常会见来访的外国哲学家外，他还多次出国访问。1980年，他参加了在奥地利举行的第五次国际维特根斯坦哲学讨论会，并访问了维也纳大学和牛津大学王后学院。1982年，他到维也纳参加国际施利克—纽拉特哲学讨论会，并访问了英国牛津大学三一学院。1984年他又访问了英国牛津大学王后学院并到维也纳大学接受荣誉哲学博士学位。1986年他应邀到日本东京大学哲学系进行学术访问，作报告，座谈，活动十分紧张，但他感到十分愉快。1988年，他到香港中文大学同中国学者共同参加了首次"分析哲学与科学哲学讨论会"，随后又到香港大学进行学术访问。1991年秋，他本拟应再度赴香港做学术访问，但因护照过期，来不及重办，决定推迟到1992年成行。焉知他在1992年初就一病不起，再也不能进行这次学术访问了。

这10多年，可以说是继40年代以后洪先生学术成果最丰硕的第二个高峰期。为了系统介绍逻辑经验论，特别是它在第二次世界大战以后的发展变化，洪谦教授主编出版了《逻辑经验主义》两卷本，上卷于1982年出版，下卷于1984年出版，1989年又以合订本出版。在这个译文集中，洪先生根据维也纳学派的一些代表人物的主要著作，特别是着眼于60年代以来所讨论的主要问题，进行选译,并把这些问题分为五大类:哲学的语义分析、逻辑和语言、因果问题和概率性、心—身问题、伦理学问题。在编译过程中,为了收集资料,他得到了在世的维也纳学派成员和朋友法伊格尔、亨佩尔、乌尔默、施特格米勒、内斯、克拉夫特夫人、施利克夫人的帮助,亨佩尔和施特格米勒还对选题提了补充意见,从而使这一文集的选材具有很高的水准。顺便提一下,在洪谦的关心与指导下,他的学生陈维杭就于70年代末翻译了施利克的《自然哲学》一书。此书于1984在商务印书馆出版。

在新形势下,洪谦长期被压抑的创作热情重新焕发。他在这一时期发表于各种世界级刊物上的文章有《国际维特根斯坦哲学讨论会观感》《克拉夫特哲学简述》《维特根斯坦和石里克》《欧行哲学见闻》《莫里兹·石里克和逻辑经验论》《谈谈马赫》《论确证》《关于逻辑经验主义——我个人的见解》《逻辑经验主义概述》《〈哲学家马赫〉译后记》《艾耶尔和维也纳学派》《关于逻辑经验主义的几个问题》《分析哲学与科学哲学论文集》《评石里克的〈哲学问题及其相互关联〉》《悼念菲格》《悼念艾耶尔》。以上文章,除《莫里兹·石里克和逻辑经验论》一文外,全部收入在洪谦的《逻辑经验主义论文集》,这是洪先生的学生高宜扬主编的"西方文化丛书"的第十七卷,由香港三联书店在1990年出版。在这之后,洪先生还写了两篇文章。一篇是《艾耶尔和逻辑实证主义》,另一篇是《鲁道夫·卡纳普》,是1991年为纪念卡纳普100周年诞辰而作。

他在上述著作中主要论述了下述问题:

(1)介绍维也纳学派的历史渊源、它在30年代的兴起和在世界传播的条件。

洪谦认为,维也纳学派之所以在奥地利兴起,它的历史渊源主要是:(a)经验论传统,从英国的洛克和休谟、法国的孔德到奥地利的 F. 布伦坦诺和其学派(包含 B. 波尔察诺、A. 迈农、A. 马尔蒂、E. 胡塞尔等),以及马赫的实证论;(b)现代物理学发展的影响:即相对论的创立和量子物理学的新发展;(c)逻辑演算的确立:弗雷格的《算学的基础》(1884)之开始受到重视,罗素和怀特海合著的《数学原理》(1910—1913)的出版;(d)施利克的《普通认识论》(1918)和维特根斯坦的《逻辑哲学论》(1922)的影响。洪谦指出:"没有这些理论作为其思想基础和方法论基础,则任何形式的新实证主义或新经验主义,无论是逻辑实证主义还是逻辑经验主义,都是根本无法想象的。"

维也纳学派掀起的这个哲学运动之所以能在 30 年代的欧洲迅速发展起来并向英美传播,洪谦认为,这"主要应归因于以赖兴巴赫为首的'柏林学派'的呼应和波兰的华沙学派的声援"。他还特别强调了华沙学派的塔尔斯基对维也纳学派,尤其是对卡纳普的影响。"在英国,艾耶尔、魏斯曼以及维特根斯坦等人的哲学活动也起了重要的作用。""在美国,卡纳普、弗兰克和法伊格尔等人继续宣扬和发展逻辑经验主义的基本观点,同时将它与美国的实用主义、操作主义和自然主义联系起来。"

(2)介绍维也纳学派的主要成员并评述他们的哲学观点。

施利克:施利克是维也纳学派的奠基人,也是洪谦的恩师。洪谦在这一时期,写了四篇论文专门介绍评述施利克及其哲学观点。

他除了再次阐述他 40 年代论著中的观点以外，还着重论述了维特根斯坦对施利克的影响以及他们二人的哲学差别，深化了关于"确证"、知识基础和真理论的讨论，并探讨了施利克关于心物问题的一元论观点，即所谓精神与神经同一论。对于施利克来说，"物理的东西和精神的东西不是两个独立的实在序列，而是同一个实在的两种类型的概念—构造"。但洪谦对这一观点持保留态度。

卡纳普：卡纳普是维也纳学派的主要成员之一，是哲学中的"伟大的形式化家"。从 1928 年起，洪谦在维也纳听过他的数理逻辑课，参加了他主持的关于罗素的《数学哲学导论》和弗雷格的《算学的基础》的讨论课，并建立了私人的友谊和交往。一直到"文革"前夕，他们仍保持书信联系。1991 年，是卡纳普的 100 周年诞辰，洪谦写了《鲁道夫·卡纳普》一文，而这也是洪先生的最后一篇学术论文。文章简要叙述了卡纳普的生平，谈到了弗雷格、罗素、塔尔斯基对他的巨大影响，介绍了卡纳普早期的构造论、逻辑句法理论以及后来的语义学理论，介绍了他在美国时研究的概率论和归纳逻辑。洪谦还指出卡纳普在政治上和维也纳学派多数成员一样，是一位社会主义者，"反对专制独裁，反对种族歧视，主张社会平等，民主自由"。他反对美国对越南的战争，也曾去南美某国营救一位受政治迫害的黑人哲学家。

艾耶尔：为纪念艾耶尔的七十寿辰（1980），洪谦于 1988 年写了《艾耶尔和维也纳学派》一文。以后，为了悼念艾耶尔逝世（1989），洪谦又写了《悼念艾耶尔》与《艾耶尔和逻辑实证主义》。在这几篇文章中，洪谦介绍了艾耶尔的生平，并指出他是一个"反偶像论者"，他力图把剑桥的语言分析学派的观点和维也纳学派的观点相结合，写出了《语言、真理和逻辑》这一部把逻辑实证论介绍到英语世界的名著。艾耶尔对施利克的证实原则持批评态度，并在卡纳普的确认原则的影响下，提出了证实原则的两层性，主张放弃"强的证实原则"，而单纯以"弱的证实原则"作为检验命题真假的标准。可是艾耶尔的这个尝试却被丘奇所驳倒。在反形而上学问题上，艾耶尔把施利克与马赫相等同，并说形而上学和文学都是"胡说"，对此，洪谦表示了不同意见。

在"知识基础"和真理问题上，艾耶尔先对施利克的"确证命题"持反对态度。但后来又改变了这种态度。他也反对真理的融贯论，而赞成施利克的真理符合论。至于精神—身体问题，艾耶尔既不同意施利克的心物平行论，也不同意诺伊拉特、卡纳普的物理主义，而趋向于回到英国的经验论。

法伊格尔：法伊格尔是施利克最宠爱的学生之一，维也纳学派早期成员，1930年去美国，是该学派成员中移居美国最早的一个。洪谦曾在施利克的寓所中见过他。1988年法伊格尔逝世，洪谦在《悼念法伊格尔》一文中指出："在美国期间，法伊格尔首先和当时在美国流行的哲学学派为实用主义、操作主义和行为学派从某些方面或问题取得联系，结成联盟，以期减少对于这个从西欧输入的哲学运动的'生疏感'。"洪谦在论述了法伊格尔在美国传播逻辑实证论的贡献之后，又指出："法伊格尔最喜爱的哲学问题，是心—身问题。……法伊格尔从科学新成就出发以及应用逻辑的分析方法论，竭尽毕生精力，提出他的'精神和身体的同一论'。"在这个问题上，法伊格尔和施利克是比较一致的。但洪谦并不十分赞同。1988年胡文耕在写《信息、脑与意识》一书时，曾向洪谦先生求教。洪先生即把他珍藏的法伊格尔的《"心的"与"物的"》（明尼苏达大学出版社1967年修订版）一书借给他作参考。胡文耕对心——身问题的见解，有别于法伊格尔的观点。在他的文章中，对法伊格尔的"精神身体同一论"有所批评，对此，洪先生表示满意，并予以鼓励。

克拉夫特：克拉夫特也是维也纳学派的主要代表之一，洪谦在维也纳大学时，和林德曼一起听过他的课多年，以后，洪谦同他保持频繁的书信来往。1980年，洪谦发表了《克拉夫特哲学简述》，指出，克拉夫特的哲学观点，与其说是逻辑实证论的，不如说是批判理性主义的。文章在简略地介绍了克拉夫特的生平、学术著作后，评述了克拉夫特的"经验理性主义""演绎经验主义""构成实在论"和"理性的自然主义"。洪谦还着重指出，克拉夫特晚年致力于维也纳学派的"复兴事业"。

诺伊拉特：洪谦虽然没有专文评介诺伊拉特，但他在东京的讲演中，有一节专门评介诺伊拉特。其中指出：诺伊拉特"性格幽默，精力充沛，善于行动，头脑里永远充满着思想和计划。没有他的非凡的组织才能，就没有维也纳学派，没有马赫学会，没有世界性的统一科学运动，就不会有在布拉格、哥尼斯堡、哥本哈根、巴黎和剑桥关于科学哲学的一系列国际会议。就我所知，维也纳学派的基点——《科学观丛书》和《统一科学》的小册子也是经由诺伊拉特的组织才得以出版的。1938年后，诺伊拉特接管了《认识》杂志，并改名为《统一科学杂志》，我可以说，没有诺伊拉特，就没有逻辑实证主义在那个时期的国际性传播和发展"。洪谦接着指出："诺伊拉特不仅是一位经验丰富的实践家,还是一位富于创见的理论家,一位当代西方知名的哲学家。他与卡纳普一起提出和发展了物理主义和统一科学的理论。诺伊拉特的物理主义是一种新形式的唯物主义——世界上的一切都不外乎物理对象和物理事件。……物理学语言能够为全部经验科学(自然科学和社会科学)服务。""诺伊拉特的物理主义还主张,那些以精神术语表达的假说只有当它们能被翻译成物理语言时,才能成为经验的假说。"但是,洪谦也指出:"对物理主义严格而明确的表述,人们是在卡纳普那里找到的。施利克和卡纳普对诺伊拉特在哲学命题及其论证上缺乏严格性和准确性都深感遗憾。"

此外,1984年,洪谦在和应邀到北京大学讲学的奥地利的R.哈勒教授的谈话中,还介绍了他对维也纳学派的其他成员如魏斯曼、考夫曼、格德尔、拉达科维奇、弗兰克、支尔塞尔、尤霍什、霍利切尔等人的印象。这些都已记载在哈勒所写的《洪谦教授访问记》中,是有关维也纳学派的可贵史料。

(3)对批判的回应。近几十年来,逻辑经验论遭到了来自各方面的批判,有的甚至宣称:"逻辑实证主义死了。"对于这些批判和论断,洪谦也作出了他的回应。

对波普尔的批评的回应。批判理性主义者波普尔曾宣称,他已置逻辑实证主义于死地。1988年,洪谦在东京的讲演中,对此作出了回应:"一位世界驰名的哲学家波普尔把'对逻辑实证主义的谋杀'引为自豪,这在哲学史上确是罕见的。但是我相信,波普尔的谋杀实际上没有得逞。"这是因为波普尔的武器证伪理论并不锐利。"自然规律的普遍命题……既不能通过某个或某些基本命题得到证实，也不能被它们所证伪。……在科学命题的可确定感性中，可证实性和可证伪性只能作为特例来看待。"这里，顺便要提到，洪谦过去并不认识波普尔。只是在1980年访问英国时和他会见，友好地交谈了三小时，并没有展开面对面的争论。

对库恩和费耶拉本德的批评的回应。从60年代开始美国的历史社会学派库恩、费耶拉本德等人代表了从科学史角度来研究科学哲学的趋向，对逻辑实证论展开了批判，有巨大的影响。但洪谦对此评价不高。他在《欧行哲学见闻》中写道："库恩和费耶拉本德等的'非理性主义'哲学思潮，以我所知，不仅在牛津、剑桥，就是在英国其他地方的哲学界都不大受欢迎，而且有人认为'这种思潮在一定的意义上是对科学哲学研究的一种倒退'。"洪先生有一次对梁存秀说，逻辑经验论者为了分析科学的结构，尽量把问题简化，仍有巨大的困难。历史社会学派把社会、历史、文化等因素都联系起来考虑，更难以分析澄清了。洪先生似乎认为：分析方法与历史方法是一种互斥互补的关系。尽管如此，洪谦主编的《现代西方哲学论著选辑》还是把历史社会学派的代表人物库恩和费耶拉本德的文章选入，列在分析哲学部分之内。

对奎因的批评的回应。洪谦对整体论者奎因对逻辑经验论的批判比较重视。他主编的《逻辑经验主义》（译文集）就收集了奎因的《经验论的两个教条》，作为"附录"。对于奎因批判还原论教条，洪谦是赞同的。他曾指出："诺伊拉特和卡纳普提出的以还原论为基础的统一科学运动和当代自然科学的发展是矛盾的。其主要矛盾之点在于把生物学还原为物理学和化学，把心理学还原为神经生理学，两者最后还原为物理学的困难方面，虽然科学家对于它们之间未来的还原可能性并不完全否定，但是认为这种还原可能性的程度是非常有限的。对这个统一科学运动威胁尤大的是突现进化论（theory of emergent evolution）的发展。依据这种理论，生命或心灵都有其特种的新的实在形式，这种形式是不能从任何自然规律和科学理论中推演出来或预测到的。……因此，很久以来，多数逻辑经验主义者已经把这个统一科学运动看作是一种历史的现象了。"

但是，对于奎因反对分析命题、综合命题两分法这个教条，洪谦是不赞同的。他写道："逻辑经验主义者自诩根据'分析—综合'（分析命题、综合命题）的两分法解决了实证主义哲学的难题，同时还把它当作'彻底经验主义'的思想基础。但是，怀特和奎因对这种两分法提出了尖锐的批评。对此，卡纳普、法伊格尔和魏斯曼坚决表示不能同意，并加以辩驳和否定。的确，这一点是逻辑经验主义者无论如何不能接受的，否则，它的整个思想体系就会动摇了。"

（4）关于逻辑经验论的现状。洪谦不同意逻辑经验主义已经死了。他1986年东京的讲演中的估价是："今天，逻辑实证主义或逻辑经验主义已不像50年前那样时兴了，然而人们不能否认它仍是现代西方哲学中一个有影响的学派。"他接着指出：

"自然，在今天，那样一种逻辑经验主义运动的中心（如50年前以施利克为首在维也纳，或37年以前以卡纳普和赖兴巴赫为首在洛杉矶,或其后以法伊格尔为首在明尼苏达)已不复存在了。然而逻辑经验主义的科学观却依然活跃于当代西方国家的许多哲学派别中,例如,英国:艾耶尔在伦敦,麦吉尼斯和昆顿在牛津;美国:法伊格尔在明尼苏达,亨佩尔在普林斯顿;奥地利:哈勒在格拉茨,维恩加登在萨尔茨堡;联邦德国:施特格米勒在慕尼黑;意大利:杰莫纳特在都灵;挪威:那瑟在奥斯陆;荷兰:米尔德在阿姆斯特丹;等等。"

洪谦也指出了逻辑经验论近几十年来的巨大发展和变革,"主要在于如下方面:意义概念的提出,从句法分析转向语义分析的过渡,可证实性定义的改变,可能性概念的提出和归纳逻辑的建立,对物理主义和统一科学理论的保留和疏远,还有对于经验主义的调整、限定和修正"。

洪谦还指出:近年来,维也纳学派的成员们法伊格尔、亨佩尔、克拉夫特、艾耶尔等编辑出版了《精确科学丛书》,施利克的《普通认识论》(1974)的英译本就是其中的一册。米尔德、科恩和麦吉尼斯主编的"维也纳学派丛书",已出版了近二十本维也纳学派主要成员以及马赫和玻尔兹曼的著作的英译本。哈勒和麦吉尼斯等当时还计划出版一种名为《回到石里克》的丛书。有人谈到"当前是维也纳学派和逻辑经验主义复兴的时代",洪谦认为这是有一定根据的。

但是,洪谦也看到了维也纳学派和分析哲学的一大弱点。1981年,他在《欧行哲学见闻》中指出:"毋庸讳言:当代分析哲学的多数流派,从维也纳学派开始,就没有足够重视伦理学,就没有把伦理学摆在哲学中应有的地位。……的确如人们指出的那样,一个完整的哲学体系,既应有其完整的理论哲学部分,也应有其完整的实践哲学部分。例如,康德哲学有其三大批判,马克思主义哲学有辩证唯物论和历史唯物论。对此,无怪乎罗素曾经慨乎言之:'逻辑实证主义这类哲学,严格说来,没有哲学,仅有方法论。'"

(5)对基础论和真理论的思考。从洪谦近10多年来的文章可以看出,他思考最多的问题还是知识基础问题和真理问题。洪谦在《论确证》和《评施利克的〈哲学问题及其相互关联〉》等文章中,在批判了卡纳普、诺伊拉特等的原始记录语句和还原论之后,也批评了施利克把"确证"作为知识的基础。洪谦指出:"施利克的确证或观察陈述都是比陈述更加赤裸裸得多的经验,与其说它属于逻辑和语法的领域,不如说属于心理学的领域。一切关于它的'绝对确定性'的说法都只能从心理学方面,而不是从逻辑语法方面去理解。""施利克试图在确凿无疑的经验和不证自明的感知中为科学找到一个牢固的基础,在我看来,这不过是心理主义的另一种形式,对此他自己早年也曾严厉批评过,我也认为它是根本错误的。确凿无疑的经验和不证自明的感知显然都是十分主观的,心理上的,正像施利克本人也曾实际上主张过的一样。"既然原始记录语句和确证都不能作为知识的基础,那么,洪谦自己的观点究竟怎样呢?他没有明说。在他逝世前卧病的时候,周柏乔寄给他一篇文章《洪谦教授的三篇文章和他的哲学见解》指出:"洪教授的评论提醒了经验主义者不要随意浪费精力去寻找知识的基础,因为这可能不是他们的任务。"洪谦看了,十分高兴,认为周柏乔把握了他的思想。

在范岱年、胡文耕去医院看望他时，他一再谈到这一点，并表示他是反基础论的，并说在这方面他还有几篇文章可以写，而且基本上已构思好了。希望病好后立即动笔。令人万分遗憾的是，他被病魔夺去了生命，未能把这几篇文章写出来。在真理论方面，洪谦先生认为"施利克正当地指责诺伊拉特和卡纳普的真理贯融论（这个理论把经验真理的标准仅仅建立在记录句子的相容性的基础之上）背离了经验论。同时又被迫回到了约定论。然而，他的真理符合论，即把与实在（实为"感觉资料"）的一致当作真理的基础的理论，是否会导致'唯我论和感觉经验论'呢？"看来，对于什么是检验真理的标准，逻辑经验论者至今没有取得一致、明确的意见。

洪谦教授近10多年的工作，受到国际哲学界高度的评价。在1984年授予他维也纳大学荣誉博士学位时，马特尔院长盛赞他"在哲学上，尤其在维也纳学派哲学上，作出了卓越的贡献"。英国哲学期刊《理性》认为当今没有几个哲学家比洪谦教授更有资格评论施利克的著作（1989年6月号第105页）。"在世哲学家丛书"第21卷《艾耶尔的哲学》一书主编L. E. 哈恩在1991年11月1日给洪谦先生的信中，谈到洪谦为该书写的文章，是这部书的一个强项。东京大学认为洪谦对逻辑实证主义和维特根斯坦的哲学都有深刻的认识。洪谦逝世后，英国《泰晤士报》《卫报》《独立报》都及时发表了长篇讣告。……这些都表明了洪谦在国际哲学界的巨大声望。

五

洪谦先生终生献身于学术工作，致力于逻辑经验论哲学的研究和发扬。他的仪表宁静安详,学风严谨扎实。半个多世纪以来,他笔耕言教,培养和影响了中国两三代哲学工作者,为分析哲学和逻辑经验论在中国的传播作出了卓越的贡献。他为人谦虚谨慎。他最喜欢的格言是"我知我无所知"(苏格拉底),所以他孜孜不倦地、永无止境地进行着探索研究。他本来十分崇拜施利克。后来他读到了施利克的"箴言""追随别人的人,大多依赖别人",就更注意独立地思考和发扬批判精神,并以此来教育后人。1989年秋,北京大学校领导要为他庆祝他的八十寿辰,被他婉言谢绝了。他不喜欢形式主义的排场和不切实际的颂扬。他喜欢的是严肃认真而又自由活泼的学术讨论。在他逝世前不久,港澳的学者告诉他准备出一卷纪念他八十五寿辰的论文集,他欣然同意了,并着手考虑推荐论文集的作者。遗憾的是,他没能够指导并参加这个论文集的写作,不能亲自看到这个文集的出版了。

美国马克思主义哲学家、"维也纳学派丛书"的编委、洪谦先生生前的好友科恩在他的《辩证唯物论与卡纳普的逻辑经验论》一文中,比较了辩证唯物论与逻辑经验论,指出二者有基本的共同点,就是自然主义和人道主义,它们都拒绝超自然的说明和种种先验的学说,都希望依靠科学和理性,建立一个合理、美好的社会——社会主义社会。但它们也各有所长:辩证唯物论重视对人类社会作历史的、具体的分析,重视变革社会的实践,而逻辑经验论奠基于研究自然秩序的物理理论,重视静态的、形式的逻辑推理。二者都是当代思潮的重要部分,可以相互补充,相互启迪。

改革开放以来,我国的科学哲学有较大的发展,特别是对波普尔、拉卡托斯的批判理性主义和库恩、费耶拉本德的历史社会学派介绍较多，影响较大，而对于西方科学哲学的传统的基础性的逻辑经验论学说及其公认观点，则重视研究不够。人们常说，搞科学哲学研究，你可以反对逻辑经验论，但不能忽视逻辑经验论。认真地批判地研究逻辑经验论，发展我国的科学哲学，这可能是对洪谦先生最恰当的纪念吧。

（作者：范岱年　胡文耕　梁存秀）

李约瑟

明窗数编在　长与物华新

李约瑟
(Joseph Needham, 1900—1995)

如果一个人了解其他民族的文化先驱者们的成就能像了解他们自己的文化先驱们的成就那样清楚，那他就必定能对其他民族的成就给予应有的了解和赞赏。

——李约瑟《中国科学技术史》

剑桥是英国具有悠久历史的文化教育城市，这里学府林立，书史山积。每当春和景明，习习薰风，吹皱剑河一泓碧水，两岸绿草茵茵，繁花似锦，景色旖旎。剑桥大学李约瑟研究所就位于剑河之畔具有16世纪特色的庭院之中，它像是给如带的剑河嵌上了一颗熠亮的明珠，这颗明珠是为了阐扬灿烂卓越的中国古代科学文明而存在的。几十年来，一位身材魁伟、体格稍胖的老人，每天总是拄着一根橡木手杖，脚步缓慢而稳健地越过草地，走向他的工作房间。在这里他进行着他近50年昼夜不停的工作计划（SCC设计）——撰写学者们称其堪与《罗马帝国兴亡史》相媲美的《中国科学技术史》巨著。此人就是被人誉为"重画世界知识舆图"的英国科学史家——李约瑟。

李约瑟原名Noel Joseph Terence Montgomery Needham。Joseph取自父亲，Montgomery取自母亲。他有几个中文名字，即李约瑟、倪约瑟、李丹耀、十宿斋道人、胜冗子等。十宿斋是他的书斋名，十宿是早期耶稣教东传 Joseph 的译音，胜冗子是他采用的别号。

李约瑟一生中扮演过很多不同的角色，作为杰出的生物化学家、近代胚胎学的奠基人和研究中国科学文化遗产的权威而闻名于世。由于在这两个领域内开创性的经典研究，他获得许多殊荣。他获得哲学博士学位后，先后成为英国皇家学会会员、英国国家学术院院士、国际科学史研究院院士、美国国家科学院外籍院士、中国科学院外籍院士，世界上有十多所著名大学颁授他名誉学位。在当代学术界中，像他这样享有这么多崇高学术荣誉的学者，屈指可数。

李约瑟曾担任剑桥大学东亚科学史图书馆馆长、剑桥大学凯思学院院长等重要职位；他是将科学带进联合国教科文组织的先驱者，也是一位虔诚的英国基督教徒；在政治上他是英国劳工党的党员。他擅于论著，同时又是一位诗人，熟谙英、中、德、法、拉丁、意大利、西班牙和希腊等文字。作为中国人民的忠实朋友和英中友好事业的积极推动者，李约瑟还是英中友好协会和英中了解协会的创始人之一，并亲自担任过会长。特别是他致力于中国科学技术史的研究，使他成为向西方重新传播中国古代科学文明的杰出使者。

一、幼而志于学　苍天巧安排

1900 年 12 月 9 日李约瑟出生于英国的伦敦。其父曾为解剖学教授，尔后在伦敦哈里街，成为一位著名的麻醉药专科医师；其母是一位有名的音乐家，能弹钢琴，又会作曲，可谓家学渊源。他是独生子，从小就受到良好的教育，聪睿活泼，8岁时已学会用打字机打字。母亲为了给他多一点机会学法语，曾每年带他到法国旅行。在家庭的熏陶之下，童年的李约瑟对基督教产生了很大的兴趣，朝夕都抱有进入传教修道生涯的梦想。他父亲常常带他到医院观看手术台的临床操作，希望他克承家业，从事医学。母亲则培养他在文艺方面的爱好。李约瑟13岁入昂德尔学校，这是一所英国著名的私立学校。他在那里掌握了一套学术研究的方法，使他受益匪浅。这时他开始对实验科学产生浓厚的兴趣，于是改变了传教修道的志向，憧憬继承父业，成为外科医生。在第一次世界大战的时候，他协助父亲担任过一次阑尾切除手术的助手，而得到"第一枚金币"。

1918年10月，他中学毕业后离开家，考入英国最高学府之一——剑桥大学凯思学院，48年之后，他担任这个学院的院长，后任名誉院长。当时，依照剑桥和牛津两所大学的规定，医科学生首先要学三年理科的课程，攻读学士学位，生物化学是其中的一门课程。李约瑟到剑桥的最初志愿是跟随父亲的脚步，专攻生物学、解剖学等相关学科。他的导师认为"未来是属于原子和分子的"，建议他学习化学。恰好英国近代生物化学之父、诺贝尔生理学或医学奖得主霍普金斯爵士在该院任教，主持生物化学实验室工作。李约瑟为其生动的演讲和层出不穷的发现所吸引，他决定按"中庸之道"行事，选择了介于生物学医学与化学之间的生物化学作为主修专业，受业于霍普金斯的门下。1924年李约瑟获博士学位，同年当选为凯思学院的研究员，成为胚胎学研究的先驱。也是在这一年，他与实验室同事多萝西·莫伊尔结为伉俪。20世纪40年代莫伊尔来到中国，取名为李大斐。1941年，李约瑟当选为英国皇家学会会员；7年后李大斐也当选为该会会员，这在英国一时传为美谈。因为自17世纪英国皇家学会成立以来，除英国的维多利亚女王及其夫婿阿伯特亲王之外，他们是第一对一同得到如此殊荣的夫妇。

年轻时代，李约瑟已多有论述，分别论及生物学和宗教问题。1931年他发表了三卷本的《化学胚胎学》。这部巨著使他成为这门新兴学科的奠基人。1933年他被破格提升为相当于副教授的职称。他的名著《胚胎学史》赢得了国际上的赞许。按照这个学术路线，他很可能成为英国另一位霍普金斯式的人物，最终也可能成为生物化学教授并被王室封以爵士称号；然而命运却以特殊的方式为他作了另外一种安排，使他放弃了生物化学的研究，而致力于他完全生疏的中国科学文化史的探讨。他在科学研究处于鼎盛期走完了自己的前半生，而后半生则与中国结下了不解之缘。

1937年是李约瑟一生的转折点。他曾幽默地说："中国人所谓的'苍天'对我另有安排"，"我不相信人可以与命抗争"，"命运使我以一种特殊的方式皈依到中国文化价值和中国文明这方面来"。这年36岁的李约瑟作为世界著名的生物化学家欢迎三位年轻的中国生物化学研究生进入剑桥大学，他们都是来攻读博士学位的，这三位学生是王应睐、沈诗章和鲁桂珍。李约瑟和这几位中国留学生一起工作，对他们研究科学的方法产生了兴趣。"他们探究科学事物，想法和我完全一样。"他回忆道，"这使我不禁想到一个问题，我开始疑问，为什么现代科学不是源于中国，而是源于欧洲。"鲁桂珍是一位来自南京的姑娘,她娇小可爱,来后不久,在一次午餐中,李约瑟不假思索地问她为什么中国在科学发现方面成就如此之少,鲁桂珍大为光火,说中国在许多科学发展方面曾领先于西方,并传达了她从父亲那里得来的这样一个信念:中国科学对世界科学的发展曾产生巨大影响。鲁桂珍的话启发了李约瑟,他没想到这次谈话改变了他一生的学术道路,从研究20世纪最新的一门自然科学转向中国传统科学技术史方面。

1954年8月18日,当《中国科学技术史》第1卷出版的时候,李约瑟特别致谢这三位中国学生,特别是鲁桂珍——对他的影响。他写道:"他们从剑桥大学带走了什么,这里姑且不提,但他们肯定在剑桥留下了一个宝贵的信念,中国文明在科学技术中曾起过从来没有被认识到的巨大作用。"

1985年1月,李约瑟在中国学者祝贺他85寿辰而编著的《李约瑟文集》中文本序言中写道:"我的家庭从未与中国有任何牵连,既未产生过外交家、商人,也未产生过传教士,没有谁能使我在童年时对世界另一边的可与希腊和罗马媲美的伟大文明有任何了解。""在我略知汉字之前,我已三十七岁了。""后来我发生了信仰上的皈依。"他经过深思熟虑之后,形容这种转变"颇有点像圣保罗在去大马士革的路上发生的皈依那样"。这里李约瑟是借用《圣经·使徒行传》中的典故,说的是当虔诚的犹太教徒和法利赛人扫罗有一次前往大马士革搜捕基督教徒时,半路上忽被强光照射,耶稣在圣光中向他说话,嘱他停止迫害基督徒,从而使他改宗,易名为保罗,转而信仰耶稣基督,成为耶稣直接挑选的使徒。李约瑟引用这个典故其内在的含义是非常深刻的，正是这样一种精神力量的驱使，他才六十年来如一日地载笔耕耘，深深地陶醉于中国古代的科学文明之中的。

二、睿智且勤奋　博大更精深

1937年，快入不惑之年的李约瑟决定自修汉语，以便阅读中文原著。在凯思学院的一个研究室里，保存有一本旧练习簿，上面有李约瑟抄写汉英字典中的每一个汉字。在学习汉语方面对他影响最大的仍然是鲁桂珍。鲁桂珍出身于书香门第，父亲鲁茂庭，字仕国，是南京市一位著名的药商，对中西药都颇有研究。鲁茂庭除了教导女儿学习现代科学外，还使女儿相信，中国古代的医生和药师的本领要比大多数西方人愿意承认的强得多，人类历史上的一些科学技术正是从中国这块土地上发展起来的。只要深入发掘，还可能找到更有价值的东西。至少可以说，中国的全部科学技术史应该是任何一部世界科学技术史中不可缺少的组成部分。

从那时直到第二次世界大战开始，李约瑟一直坚持学习中国的汉字和思想，并且得到从伦敦来到剑桥大学的著名的汉学家哈劳恩的指导。哈劳恩自1938年以来便一直主持剑桥大学的中文讲座。在规定的几个下午，李约瑟总是骑车在蒙蒙的细雨中去哈劳恩那里请教。他当时接触到中国的原著是《管子》，在同古希腊的作品对比之后，他认为《管子》中有不少令人吃惊的精彩思想。日积月累，他对中国古代科学文化的了解日益深入。他虽感中国古代典籍之艰深，然求其系统，溯其源流，则非学好汉语不可。李约瑟被这古老的异国文明所吸引,故常有"我爱上了中国,爱上了整个中华文明"的赞叹。

对他而言,再也没有比去中国做一次实地考察更令人高兴的了!第二次世界大战期间的1942年,通向中国之路的机会意外地展现在李约瑟的面前。他欣然接受英国政府的派遣前往中国,肩负援华使命,而且他因精通中文被选为英国的中国科学考察团团长。在这之前不久,李约瑟已经有了撰写《中国科学技术史》的总体构想。

李约瑟在中国战时的陪都重庆建立"中英科学合作馆",他坚持这个机构的名字应把"中"放在"英"前,因为他不愿主人身份的中国人以为"我们是来教导他们或是指使他们的,事实上我是来学习的"。他解释说:他的使命是在这被战火摧残的国家里奔波,访问中国的科学家和技术人员,帮助他们取得所需的科学设备——无论是实验用的白鼠或是显微镜。他和他的中英职员不畏战争的艰难险阻,行万里路,访问了无数的大学、医院、实验室和工厂,对中国的科学研究进行了实地考察。

他在中国逗留的四年,使他有机会得以极广泛地深入了解中国以及中国的民族与文化,他的足迹遍布中国大部,搜集了大量中国古代文献和中国现代科学史料。毋庸置疑,他所持有的资料,亦是中国科学史上一份十分宝贵的财富。

在中国期间,各地大学的主要教授,研究院所的主要人员,他多半见过,并能记住。他习惯用卡片记录每一位遇到的科技人员的姓名、别号及其中英文拼写形式、简历、现职、课题、兴趣等项目；有人告诉他仅这套卡片就可以编写一部"中国科技人名辞典"。在这些科学家中，钱临照博士对《墨经》中物理学原理所作的阐释使他惊叹不已，华罗庚教授帮助他了解中国数学，郭沫若在考古学和历史学方面对他有过指导，他还有机会聆听中国科学家关于艰深而重要的道教阐释以及侯外庐对中国古籍有新见解的谈话。

此时，李约瑟还得到中国学者最慷慨的赠书。特别是竺可桢博士，在李约瑟将离开中国之际，劝说许多朋友为李约瑟四处寻找各种古籍版本，其中包括一部《古今图书集成》（1726年版）。这些珍本成为李约瑟日后撰写《中国科学技术史》不可缺少的参考文献。

这一时期，李约瑟高度评价了中国科学界的研究活动，介绍他的观感。他在1945年出版的《中国的科学》摄影集中写道："我们西方人常以为中国只有农业和艺术方面的文化，这是很错误的，中华民族对于世界科学知识有过极大的贡献，他们是最先发明磁针、火药、种痘、造纸和印刷术的，又可能是翻砂铸铁技术的创造者。"在他发往英国的报告中常常提到："人们往往以为援助都是由西方来到东方"，但他实地考察之后，认为不尽如此，"……至于近代纯粹科学和工业技术，也并不是由西方单方面输入"。例如，1937年南京金陵大学选出的一种"王氏大麦"被分种美国，使美国获得的利益远远超过了美国政府派遣技术专家来华所花的费用。又如，当时北平研究院研制出水晶；资源委员会制造的整套无线电导航设备，正在供给盟国军队使用；昆明防疫所制成的疫苗比西方的血清好，它也正在为东方的英国军队及中国军队所使用。

李约瑟指出：最近50年来，中国人终于能够展开一项相当有力的近代科学运动,并产生了大量能干的科学人员;到了最近若干年,近代科学在中国茁壮地成长,现在,许多第一流的科学家在大学及国家研究室内工作。两年来,光是经我们转递到欧美杂志上发表的,就有一百多篇出色的论文。

三、涵浸中西史　胸存万古情

"SCC 设计"的主体工程——《中国科学技术史》首卷《导论》于 1954 年出版。这部鸿篇巨制刚一出版,就赢得举世瞩目。这样一项汇集百家、贯穿古今的宏伟编写规划,必须是学贯中西、淹博渊深的通才硕学才能胜任。李约瑟本人曾是从事中国科学技术史的人,应具有如下的素质:

1. 科学修养。

2. 科学研究的经验。

3. 熟谙欧洲历史。

4. 中国人民的生活经验。

5. 通晓中国古今语文。

6. 与中国学人的友好协作。实际上最重要的是对中国、中国人民、中国科学的热爱。

最初,李约瑟仅是计划写一卷有关中国科学技术史的书,可是他收集的资料实在太丰富,他便决定把一卷改为七卷,以便将资料尽量纳入书中,并得以畅所欲言。1968 年剑桥大学出版社认为他的书愈出愈厚,建议多出几分册,所以第五卷分为六分册。1975 年秋,李约瑟博士估计全书已完成十一分册,约稿待成者尚有九册,于是自述道：

> 先成何书，如何集辑，皆有待于来稿之迟早，卷帙浩繁，内容丰赡，攸赖于学人之共同努力。二十年后，悟知即令吾侪皆寿比彭祖，亦未能完成所业，现已邀约协作之著名学者二十余人，分布全球，但主要由东亚科学史图书馆同仁负责编写，规划完整，航向明确，籍使创始领航人不在舵楼，航轮亦将于十二年许到达终点无疑。四十年来专心致志于此大业，今泰半已成，胜利在望，雄心壮志，不减当年，而华发盈颠，虽抚摸陈迹，踌躇满志，而想望将来，忧喜交并，叹盛年不再，怀人世无常，切望完成，有恐不及见整帙之刊行，抚髀叹息，不胜低徊惆怅之感。

最后致语，读来惊怵，怃然同此感唱，真是情深一往，亲切肺腑之言。

这部巨著首卷《导论》一出世，如前所述，立刻举世震惊于其博大精深，实是功力艰巨的扛鼎之作。"序言"述记著书的起因及其与中国学人的接触，之后叙述了本书的计划，首先讨论汉字、汉字的拉丁拼音、读法学习与记忆方法，接着溯述汉字的起源，从《说文解字》的六书，直至说到金文、石刻、甲骨文。在参考文献简述部分，胪举引用的典籍名著，提及与本书有关的文献，中文或西文的，资料来源，百科全书，辞典和其他参考书，如《古今图书集成》《太平御览》《玉海》、子史精华，等等。在地理概述方面，简述了中国的地貌、地史、人文地理与自然分省详情。在历史概述方面，先讲周秦，然后述记秦汉以后的各朝历史，秦、汉、三国、晋、南北朝、隋、唐、五代、宋、辽、金、元、明、清，俨如一部完整的中国通史。之后讲述中西文化交流的情况，从中国文化的起源，讲到古代欧洲有关中国的传说，中西交通的史迹，水运、陆运、丝绸之路，印度、天方与中国的交通，商业贸易与政治使节，最后则为科学、工艺技术的交流，而殿以中学西渐，特别阐陈指南针、车轮、火药、纺织、造纸、印刷以至天文、舆图、水力、铸铁、计时等中国的发明创造，从东而西，大有裨益于世界文明昌盛之德惠；既以塞悠悠之口，以为一切创自欧洲，更以发扬中国文化科学与技术溥施于世界者之丰厚，列表详指，明证翔实，遂使国际学者共同赞认，举世同风；竞相宣扬中国科技的光辉卓越之成就。

  李约瑟从事这项工作所用的中文材料大部分由自己译成英文，在已有西方文字译文的情况下，他也要对照原文，进行校核。即令是英文初稿，他也常与合作者详细讨论校核，经过多次修改后才最后定稿，命辞措字，亦有规矩准绳。因此在他的书中，纠正了过去西方汉学家们的许多错误。在吸收前人的研究成果时，他从不盲从，而是经过自己的一番钻研，他的工作十分细致，谨慎，他不轻易把自己的结论强加于人，而是服从实践的检验。关于船尾的方向舵，李约瑟早已从中国和欧洲文献记录的对比中，认为是中国发明最早，但长期有着争论，直到 1958 年在广州博物馆里看到汉墓中出土的明器陶船上有个小小的舵楼之后，才成为定论。

  《中国科学技术史》第一卷 1954 年出版后，没有产生争议，第二卷的情况就不同了，因为，书中论及与儒、释、道、阴阳、五行相关的中国科学思想问题；李约瑟的个人观点就引起了不少汉学家和科学史家的批评。美国普林斯顿大学科学史系教授吉利斯皮说他自己一点也不知道有关中国的事情，但是他认为以马克思主义的观点来撰写科学发展史的作者是靠不住的。李约瑟是一个马克思主义者，他从马克思的观点出发讨论中国科学史，所以他的结论也是靠不住的。而耶鲁大学历史学教授芮沃寿则引用爱因斯坦的言论，声称近代科学是西方科学的独一无二的产品，西方科学是希腊的逻辑和文艺复兴时代的实验科学所组合而成的。因中国缺乏逻辑和实验科学因素，所以从中国文化中寻找科学思想是错误的。

当时，李约瑟的《中国科学技术史》只出版了第一、第二卷，这两卷尚未正式谈及科学；待第三卷出版以后，就再没有抨击他的汉学家出现了。当时写书评的学者们不是对李约瑟的广博知识和他在中国科技史方面的发现感到惊奇，就是认为这部书是20世纪的一部巨著。

《中国科学技术史》以其博大与精深，蜚声海内外，不但几百年来东西汉学家的著述无法与之比拟，就连我国的许多学者，也未必得其俦侣。第三卷以后的各卷分册，文辞典雅，有壮观瞻，使人钦服。1970年后刊行的第五卷各分册，编摩既讫，便成为举世无匹的名典。所以其书既出，竞相移译。海峡两岸，以至日本、意大利、西班牙、荷兰、丹麦、德国、法国，乃至非洲、拉丁美洲都有译本或简译本出版。庶几踵斯事者，得以增华云尔，都钦仰为难于跻攀的不朽名著。

中国当代科学家李国豪、张孟闻、曹天钦等曾撰文："我们作为中国文化教育科学界的从事者，不但有愧于此才情，无此硕学恒心来编写这么一部著作，而成为徒拥宝藏而求馈于益友，也深诚感幸有这么一位李约瑟博士对于我国、我国人民、我国科学恒火挚爱的热情。"

四、为学贵谨严　善恶倍分明

李约瑟数十年如一日，将中国文化几千年来的特长及精彩的地方，作了系统的梳理，他在提出思想史及科学技术史的例证时，列引详尽，议论周匝，为中外学人所重。而治学与处世，更有其可贵之处，即不耻下问，不持成见，真理所在，不怕得罪权门，不作人云亦云。他在1949年后，以为中国之所以选择社会主义道路，乃是避免西方诸国工业革命时所产生的贫富悬殊、各种社会弊端的覆辙，因之首先表示同情。抗美援朝战争期间，又竭力主持公道，致使他为当时西方各国政府当局所不容，多年后他的旅行讲学，仍受到限制。同时，李约瑟对中国的看法，并不是"一边倒"。1974年，正当国内"批林批孔"运动方兴未艾，他来到香港大学讲学，就偏要提出孔子仁民爱物的伟大。用英文演讲还不算，他又用中文诵述明代顾炎武的《论学》一段"士而不先言耻，则为无本之人"作结论。可见他对学术真实性的重视。这种观点不会因一时的政治风气而左右动摇。

李约瑟对中国文化的优点大加赞扬，但对它的缺点也提出不同的看法。譬如中国传统的方法治史，认为作史者笔下一行褒贬，则天下之至善与极恶，毫发毕见，千古不易，这实在是故步自封的做法。即便是认为盈天地之道，统统在史籍的字里行间，罗列无余，也再用不着开辟途径，也再用不着推陈出新。他曾以此和欧洲中世纪的思想相比，彼此都离不开"原始的假说"，是以束缚自然科学的发展。

李约瑟治学，可用"渊博"二字概括。因此他的历史观，不是容易概述的。大凡有创造能力的思想家，在大刀阔斧的姿态下开怀立论的时候，常有自相矛盾的现象，李约瑟也有这种趋向，但是这种矛盾并不是构思者在逻辑上举棋不定，而是眼光开阔时，逻辑的范围过小，已不适用。李约瑟自幼在基督教的影响之下长大，他当然不会放弃至美至善即属于神的立场。因此，人只能模仿造物，而不能因人力而自称巧夺天工。即使绝代才华的人物，在上帝面前，仍为凡夫俗子。可是李约瑟也受中国道家思想的影响，又觉得盈天地之至美至善，亦可以在一草一木之间，甚至在凡夫俗子、一事一物之间表现无余。所以，他一方面认为真理为一切事物抽象的总和，带有合理性，一方面又认为真理不外日常生活中各种机缘间的一种美感。李约瑟作为科学家，没有放弃他思想的体系，他信仰宗教，却不受硬性教条的束缚。前述矛盾，在大范围内则不成其为矛盾，因其渊博，故能容物。

在《中国科学技术史》第二卷和其他著作中，李约瑟曾多次提及"封建官僚主义"一词，有些作者不同意这种提法，他就多次与人书面磋商，指出他对这并无一成不变的看法，如果新研究能提供不同的说法，他还愿意修改以前的观点。因为他以前提及"封建官僚主义"乃是 1940 年来华期间根据中国一般学者常用的名词；有时也将此名词称为"官僚封建主义"。所谓封建，也只涉及当时君主制的背景，带有守旧及落后的意思。在《中国科学技术史》中，李约瑟袭用此词，并提出这一体系的存在，以待日后研究搜索。并未附加若干学者所谓人类历史不可避免的阶段，犹未认为中国历史一定要和欧洲历史相提并论，也未曾预测封建这一名词会在中国如此滥用。1973 年李约瑟与有关学者研究再三，决定第七卷不再称"封建官僚主义"，而改为"官僚主义"，他认为这样更为确切。在名词的确定上，李约瑟如此谨严、谦虚，常令学人叹赏不已。

李约瑟愿意修改自己以前的观点，正是因为他认为写历史不是一字褒贬。所以当《中国科学技术史》写至第七卷时仍觉得前二卷有修正的必要。当然与其言之为矛盾，则不如叹其为学博洽宏达，唯其保持固时修正的作风，则下一代及 21 世纪的读书人更可因此书而推陈出新，因之而更能反映此书与作者极尽锤炉之功。这也是我们今天应该效法李约瑟之处。

五、著述六十载　重绘世界图

50 多年前，英国著名数学家兼哲学家怀特海在赞扬了中国古代对哲学、文学和艺术的伟大贡献后，说："我们并不怀疑中国人具有探索自然科学的才能，但是他们在自然科学上的成就是微不足道的，而且若使中国孤立于世界，也没有理由可相信它对于科学会有什么贡献。"而李约瑟与此相反，下决心研究中国科学技术史，他认为："中国的古代文明，其中包括科学曾放射出灿烂的光辉。"他以丰富的现代科学素养，来参加中国科学史的研究，纵横经纬，博而能断，轩视前古。

《中国科学技术史》实际上是对上下几千年世界各大洲的科学文化进行比较和研究，它以丰富有力的论据，肯定了中国科学技术在世界历史上所起过的重大作用，这部著作涉猎面是如此之广，所论课题又是如此之高深，但行文却又深入浅出，非常流畅，使人读来快如掌上观纹。李约瑟的著作有独到的见解，他与王玲、普赖斯合作，从对中国天文仪器的研究得出宋代的水运仪象台是欧洲近代机械钟表的嫡系祖先的结论，这一结论后来已为举世所公论。他把我国潮汐学史写得有声有色，活灵活现。1956年河北兴隆发现战国时的铁范，当时多数人认为这是用来铸造青铜器工具的，李约瑟则根据他对中国钢铁技术的系统研究以及现代科学知识，与另一些学者作出判断，兴隆铁范是用来铸造铁生产工具的，从而肯定了我国进入铁器时代的时间大大提前，其后的考古发掘和技术研究，也都证明了李约瑟的观点是正确的。

李约瑟做学问的方法是，处处留心，随手笔记，融会贯通，一般人看来是很平常的事物，在他看来就可能大有学问。古代一张防狗的通告，成为最早印刷品的证据；一个瓷瓶上的彩画，透露了中外交流的线索；北海公园的九龙壁，与天文历法有关系；大渡河上的铁索桥，成为古代中国钢铁工业的标志；沈括的《梦溪笔谈》到了李约瑟手里，就成了中国科学史上的坐标，他按照现代科学的分类，将其内容作了一个统计说明，发现其中属于科学技术方面的共有207条，使人们对该书的重要性有了一个一目了然的认识。李约瑟认为：近代科学从方法上区别于古代的是将数学与实践紧密结合起来。但古代的西方是不重视实践的，只有中国的机械发明传到欧洲以后，才产生了以达·芬奇为代表的工艺实践的方法。工匠们根据自然现象中的一些特点提出假设，继续验证，这就是以伽利略为代表的近代实验科学的先导。近代化学是由炼金术演化而来的，李约瑟指出，在阿拉伯的成就传入之前，欧洲谈不上炼金术，炼金术这词本身以及炼金术中的许多术语来自中国。至于用数学公式表示科学假说，无疑是从希腊人那里继承下来的，但是李约瑟又说："如果没有中国的十进制记数法，就几乎不可能出现我们这个统一化的世界。"

固然，《中国科学技术史》这部巨著中其史实、资料的引用，总难免有所出入，其哲学和历史观点也难免有值得商榷的地方，但是作者的总的目的已经达到，这就是李约瑟在书中始终贯穿的思想，即百川朝宗于海。

李约瑟认为：现代科学技术是一片汪洋大海，大海的水来自条条江河，这条条江河就是古代各民族的贡献，而中华民族这条河水的贡献特别大，非厘清不可。经过他的梳理，所得到的结论是：从公元3世纪到13世纪的1000多年中，中国的科学技术是西方世界望尘莫及的，这些科学技术有一部分传到欧洲，又为欧洲近代科学的诞生创造了条件。他完全赞同英国唯物主义的始祖弗兰西斯·培根在1620年说过的话：印刷术、火药、指南针，这三大发明"改变了世界上事物的全部面貌和状态，又从而产生了无数的变化"。印刷术带来了文艺复兴，火药炸毁了欧洲的封建城堡，指南针引导了新大陆的发现,而近代科学就是在这样的背景下产生的。

李约瑟指出:在研究自然现象时,人类都是平等的,世界性的现代科学体现了一种全人类可以互相交流的通用语言,古代和中古时期的科学(虽然打上了明显的种族烙印)涉及的是同一物质世界,因此可以纳入同一世界性的自然科学范畴。这种科学随着人类社会的组织性与一体化的迅速增强而不断发展,并将继续发展,直到实现大同,各国人民像江河入海一样成为一个整体。

正是在这种思想的指导下,《中国科学技术史》前五卷问世以后,获得了极大的成功。除前面谈到的少数汉学家对第二卷提出不同的看法外,绝大部分对此著予以高度评价。中国科学家叶企孙认为:"这部著作将成为中国科学史方面的空前巨著。全球学术界将通过这部书而对于中国的古代科技得到全面的清楚了解。"美国大汉学家路德评论说:"李约瑟的思想广度,他的阅历及其思想之透彻,使人对他的研究及其结论产生最大的敬意。正是这样一部书在改变着所有后来的中国思想史和整个世界范围内的思想史。"英国历史学家汤因比认为:"这是一部打动人心的多卷本综合性著作……,作者用西方术语翻译了中国人的思想,而他或者是唯一一位在世的有各种资格胜任这项极其困难的工作的学者。李约瑟博士著作的实际重要性和他的知识的力量一样巨大。这是比外交承认还要高出一筹的西方人的承认举动。"印度历史学家认为:"这是一部包罗无遗而又极其详尽地论述中国科学思想的有益的著作,……是欧洲人学术研究的最高成就。"法国科学史家于阿尔认为:"在这里把科学和技术戏剧性地溶化在汉学中……,我们认为这部书可说是划时代之作,……这是一部任何有教养的人都必读之书。"英国《泰晤士报》文学副刊评论说:"李约瑟博士已经打开了足以使一连好几代科学家要忙于探究的一个全新的世界。"英国评论家皮肯认为:李约瑟的著作"或许是一个人所独自进行的历史综合与沟通各国文化的最伟大的前所未有的举动"。而英国《自然》杂志则说:"像这样一部波澜壮阔的令人震惊的作品,任何赞美都不会过誉。"

于兹观之,李约瑟的工作是一个良好的开端,人们期待着这项工作继续下去,就像整个科学的历史那样,没有尽头。

六、难题今又是 解谜看李翁

1990年12月9日是英国著名学者李约瑟博士90周年诞辰,为了表示对李约瑟90华诞的庆贺,中国《自然杂志》特辑"李约瑟难题征答"专栏,以代酒馔。

所谓"李约瑟难题",有的外国学者称之为"李约瑟之谜",是指李约瑟博士提出的一个历史之谜,即:"中国古代有杰出之科学成就,何以近代科学崛起于西方而不是中国?"

这一问题的提出,曾在全世界范围内引起了众多专家学者极为广泛的兴趣;无论是提出这个难题的李约瑟本人,还是关注和探索这个难题的海内外学者,都希望振兴中国科学技术,使具有五千年悠久文明历史的中国重新崛起,并屹立于世界文化之林。

李约瑟的诘问,至今尚未得到令人满意的答案。

在科学革命特指近代实验科学代替西欧古代科学的意义上,李约瑟的难题可以表述为:为什么中国古代科学家没有走上实验科学的道路？因此，这个问题实质上是站在近代实验科学的高度或以近代实验科学为坐标，对中国古代科学进行总体上的反思和评价。考虑到现代自然科学是近代实验科学的逻辑发展，无疑，站在近代实验的高度，对中国科学技术进行分析和评介，是一个理想的良好视角。而一旦对中国古代科学有一个总体上的认识和评价，那么，一部中国科学思想史的主线也就自然而然地呈现出来了。所以，在一定意义上说，"李约瑟难题"是中国科学思想史上的一个关键的问题，这项工作对于中国科学思想的研究的意义之重大是显而易见的。

在李约瑟难题的研究方面，最引人注目的，乃是李约瑟及其所领导的由近十个国家的学者组成的国际性研究集体所做的工作。李约瑟多次声称：一部卷帙浩繁的《中国科学技术史》就是致力于解释和回答为什么近代科学首先在西方兴起。与此有关的是，为什么在中世纪西方处于黑暗时期时，中国却发出灿烂的科技之光，而后来中国又为什么没有自发地出现近代科学。他站在世界科技史的高度来研究中国科技史，用对比方法考察了中西科技交流及相互影响。在《中国科学技术史》一书中，他不只讲中国文明，还涉及希腊、罗马、拜占庭、阿拉伯和印度等其他文明，他在这些文明之间架起了桥梁。李约瑟认为：如果没有中国等其他文化中的科学的注入，西方近代科学及工业革命也无从兴起。他纠正了西方过去对中国科学文化的各种错误看法、误解和严重低估，热情捍卫了中国人对一些重大发明与发现的优先权，把中国科学文明置于世界史中应有的地位，从而扭转了西方人以前的中国观，使之必须重新估价一度被忽视的世界科学史中的中国一环。

回答这个难题，李约瑟不是立足于一两个学科，而是显微阐幽、通观全局地研究中西科技史，厘清其发展脉络，找出其各自的优缺点和异同点。同时他从科学社会学角度综合分析中西社会体制、经济结构、历史传统、思想体系等诸因素的影响，考察中西商人、科学家和工程师的社会地位。在内史与外史结合研究时，他既注重科学发展的内因，又强调社会、经济因素的外在影响。

李约瑟的观点是：第一，这是有原因可寻的历史必然过程，决不像某些人所宣扬的那样，是偶然现象。第二，应当同时在中国科学发展所存在的社会客观环境和科学本身的内在因素中寻找原因。李约瑟及其合作者们对中国科学发展的社会环境和内在因素进行了大量深入和独辟蹊径的探索。他们提出的许多观点是新人耳目和富有开创性的。例如，他们提出，中国的阴阳五行理论尽管曾一度促进中国早期的科学发展，但由于其本质上是经验性和思辨性的，所以后来便成为阻碍实验科学在中国产生的重要因素。他们提出，中国未充分发展资本主义是实验科学没有在中国产生的最基本的社会原因："无论是谁，要阐明中国社会未能发展近代科学，最好是从说明中国社会未能发展商业的和工业的资本主义的原因着手。"他们还指出，中国传统文化中的重农轻商观念是阻碍科学革命在中国发生的重要原因："现在我们可以看到，中国商人阶级的不得志，很可能与中国社会抑制近代科学的发展有关"。如此等等，入木三分，爽豁眉目。

七、东西喜联壁　莫道近黄昏

有人曾问李约瑟，《中国科学技术史》的最后一卷从剑桥大学出版社发行的时候，他是否还能亲眼看见其盛。他答道："啊，我在校阅最后一页之前是否会一命呜呼，我并不担心，我根本是个相信天命的人。"

其实，李约瑟早就意识到此项工作的巨大，有生之年日短。早在1968年，他就陷入进退两难的困境，是尽他的余生自己编写这本书，能写到哪里就写到哪里，还是约请一些合作者，争取在有生之年早些完成它呢？李约瑟决定采取后一种办法。这也是《中国科学技术史》这项工作的转折点。1968年底，第五卷第一分册"纸和印刷"就请到关于这一课题的世界著名学者钱存训教授完成。

1986年成立了李约瑟研究所，它的前身是"东亚科学史图书馆"，以存储他的贵重图书，并为研究工作提供永久的工作空间。

东亚科学史图书馆是一所奇特的专业图书馆，它的奇妙不只是在于它那十分独特的专业性质，还在于它的职能远远逾越了我们通常对图书馆一词的认识。无疑它具有一切图书馆所有的对图书资料的征集、整理、典藏、流通的功能，而且还具有一切图书馆所没有的一项重大功能，即进行编写《中国科学技术史》的浩繁工作。它实际上是一个科学研究中心，一所不挂研究所牌子的研究所。

东亚科学史图书馆本身也是《中国科学技术史》设计中的一项重要措施，它出现在1976年，但它的收藏物的基础远在1942年，李约瑟开始研究中国古代科学技术发展历史并撰写一部有关的专著时就已肇其端。从那时起他就开始搜集有关的文献资料，随着《中国科学技术史》一册一册地出版，此项专业的东西方文字的图书资料也越集越丰富了。李约瑟还认为，这个收藏的本身除了为撰述此一专著之用处，还应当保存下来，以致永久，向一切研究此一专门学科的学者开放，以供学习，以资应用。李约瑟还寄予厚望：在未来的时代里，对所有国家里有志于比较科学史的学者们开放其庋藏，从而促进公正而平等地了解世界的机制，正如我们今天所体验的那样。

1986年12月李约瑟和他的9位工作人员搬进研究所的新厦，两层楼的研究所是这位科学史家终身的梦想，它是由海外华人的慷慨捐赠而得以实现的。

《中国科学技术史》多卷本的写作，始于1948年李约瑟从中国和联合国教科文组织任满回到剑桥。当时的合作者是王玲。他协助李约瑟工作，一直持续到1956年。这时，鲁桂珍在巴黎的联合国教科文组织任职，在李约瑟的劝说下，鲁桂珍毅然提早退休，于1957年回到剑桥，并作为医学史家和生物学史家同李约瑟一道工作，她是李约瑟《中国科学技术史》的第二个合作者，从那时候起的36年中，她就和李约瑟一直在一起，1958、1972、1978、1981、1984、1986年，李约瑟先后六次偕鲁桂珍博士访华。剑桥东亚科学史图书馆成立后，鲁桂珍任副馆长，直到去世。早在52年前，李约瑟与鲁桂珍就联名发表了第一篇论文，那篇文章讨论了1320年论饮食疗法的忽思慧的著作，忽思慧在书中首先提出维生素缺乏症的经验发现。经过若干年后，这证明只是中国人远在欧洲人之前作出的许多发现与发明中的一个。

1989年李约瑟夫人李大斐去世后，鲁桂珍与李约瑟结为伉俪。东西姻缘，珠联璧合。1990年8月中国科学院向鲁桂珍博士颁发了荣誉教授的聘书。李约瑟夫妇壮心不已，孤灯深夜，扶病奋斗，继续为《中国科学技术史》的撰写竭尽全力，同时也感受到精神上的压力，他们担心自己尽一生心血所撰写的这部巨著的前景，以期粗成。

1991年11月初，鲁桂珍身体不适，咳嗽不止，她的衰废之躯，已经受不了疾病的痛苦和折磨；11月18日，终因肺炎溘然去世。弥留之际，李约瑟还握着她的手……

1992年1月10日，鲁桂珍的骨灰安葬在李约瑟研究所前的一株菩提树下。是夜，天地有情，送尔西归，北欧大地，大雪纷飞。翌日，剑桥大学李约瑟研究所白雪皑皑，楼前草坪，一片银装素裹。倘若鲁桂珍九泉有知，亦当回眸笑慰。

无疑，鲁桂珍的逝世对正在进行的《中国科学技术史》研究工作来说是重大损失，也是中国科技史界的重大损失，是她把中华数千年文明的信念带给了李约瑟，使他发生了信仰上的皈依，也是她为《中国科学技术史》的成功，筚路蓝缕，鞠躬尽力，献出了自己宝贵的一生。

91岁高龄的李约瑟三年内二次丧偶，常使他潸然泪下，晚景不堪悲凉。但令他欣慰的是，《中国科学技术史》剩余卷册写作进展顺利，且他于50年代初期一人独立开始经营的计划，将不因这部巨著的完成而终止，他的工作已在比较研究中开启了全新的门户。他提出的关于科学发展中"百川归海""中西科技交流中的融合点与超越点""成串传播"等概念,嘉惠后学,是他对科学史的理论建树。以他的名字命名的李约瑟研究所将继续接待全世界各地来的学者,协助他们从事中国科技史的研究。目前,这个研究所正在起草计划,打算资助范围更广的研究与写作。研究的范围可能包括佛寺研究与建筑技术、新儒家哲学与科学、中国航海史等。李约瑟认为:"我们如今的成绩,等于皮毛的表面工作。"

使李约瑟感到欣慰的是,他的整套巨著已走上了轨道,他的研究所在新厦中亦日见蓬勃。他如今可以回顾其长久而有成就的一生了。鲁桂珍曾经称他是"沟通中西之桥梁建筑人"。有人提起此形容,他便露出由衷的微笑。

八、青山明夕朝　丹心照汗青

1992年8月下旬,中国科学技术史国际学术研讨会在风光明媚的西子湖畔召开。一阵秋雨过去,杭州的湖光山色,浓妆淡抹,更加秀丽。来自英、日、韩、法、德从事中国科学史研究的专家学者和国内学者济济一堂,共庆这次国际学术研讨会的召开。使代表们唯一感到遗憾的是,李约瑟不能参加这个盛会;因为李约瑟不仅从事着《中国科学技术史》的工作,而且他从来都是非常关注中国科学技术史研究的进展。自从1956年竺可桢教授和几位中国代表出席在意大利佛罗伦萨城的第8届国际科学史学术会议之后的相当长的时期,中国大陆的科学史学者没有在国际学术会议上露面。李约瑟十分关心这件事,在许多国际会议上,他再三呼吁、希望中国学者早日再在国际学术会议的舞台上活动。80 年代以来，中国的科学技术史专业工作者，不仅参与了国际间的学术会议，而且在国内组织了多次国际性的学术会议。1984 年李约瑟曾参加在北京举行的第 3 届国际中国科学史学术讨论会。如今他年事已高，两腿已不能站立行走，靠坐在轮椅上行动，对杭州举行的国际会议只得望洋兴叹。他嘱咐何丙郁（当时李约瑟研究所所长）向全体代表问好，并遥祝大会顺利进行。也由于健康和其他原因，他也没有参加 1990 年在北京举行的中国科学技术史国际学术研讨会，尽管那次会议是为他祝贺 90 寿辰。

1993 年，92 岁高龄的李约瑟依旧每天上班，中午 12 时他坐在轮椅上让人推着进研究室工作，直到下午 5 时下班。他手因颤抖不能写字，著书工作只能用录音机口述进行。大约 10 年前，他和鲁桂珍博士已经着手编写《中国科学技术史》第六卷"医学史"分册的写作工作。1986 年底，他曾偕鲁桂珍来中国，专程到湖北蕲春李时珍的家乡作实地调查。其严谨的治学精神，受到了当时中共中央总书记胡耀邦的赞扬。

岁月如逝，天地悠悠。时间催促他提前拟写《中国科学技术史》第七卷的总结篇。他认为，将来全部书完成时，所得的结论也不会跟他所写的观点距离太远。

彼时，李约瑟已不再认为自己可以看到整部《中国科学技术史》的完成了。50 年前他以为只需写一册有关中国科技史的专著，付梓之后就可以回到他所从事的生物化学研究的实验室去。不料计划伊始，他预期的这项工作总共得二十册以上的一套多卷本的著作才能结束。随着时光的流逝,中国古代科学技术证明是一个"绝对的金矿","古代和中古时期的中国科学成就,一再表明足以使人眼花缭乱"。[1]

60年来,李约瑟以独到之目光,穷毕生之精力,深明中国科学技术对于世界科学技术的重要性,并矢志把这项工作做好,所以,他再也没有回到生物化学实验室。还在1958年的时候,李约瑟还要去生物化学系讲课,恋恋不舍自己所学的专业,他对何丙郁这位与他合作了近30年的学生说,他希望能在世上活三次,一次研究中国科技史,一次研究生物化学,一次做一个外交家当英国驻华大使。李约瑟虽然不好运动,但从小就有很充沛的精力。年轻时代,剑桥大学生物化学系的同事们称他是"一塔的精力"(a tower of energy),这是先天所赋予的良好素质。直到1992年仲春,当中国客人拜会李约瑟时,他虽年逾九旬,但思路敏捷,记忆仍很清晰,在与客人的交谈中,他主动提起他的老朋友宋庆龄、路易·艾黎、马海德等人。他说"我热爱中国",他一直密切地注视着中国的飞速发展。

然而,新陈代谢是宇宙万物发展的普遍规律,人的生命是有限的。李约瑟深深地知道"吾生也有涯,而知无涯"的道理,"以有涯随无涯,殆已,已而为知者,殆而已矣"(《庄子·养生主篇》)。回顾李约瑟的学术道路,他一生的兴趣似乎都是集中在生命的问题上。早年的宗教兴趣是关于生命终止后的来世问题,而继承父业做

---

[1] 李约瑟1995年去世,近10年后,《中国科学技术史》最后一卷即第七卷第二分册出版。

一位大夫的愿望，使他从救来生转到救今世，他研究生物化学的目的是要解开生命之谜，从科学的化学中去了解生命。在研究中国科学技术史时，他对道家炼丹术中的长生不老术研究特别感兴趣，他的中文名字取姓李氏，就有对道家的尊崇之意；虽然，历史上的道家长生不老之术没有成功，但现代医学与公共卫生已经达到延年益寿的目的。中国人的平均寿命不断延长。正如1972年何丙郁在日本刊登的一篇论文中曾提到的那样：李约瑟不是从炼丹术而是从他不朽的巨著中获得生生之道。

（作者：刘克明　胡显章）

参考资料

德·摩根 19世纪的数学名师、数学家和科学史家

[1] C. C. Gillispie. Dictionary of Scientific Biography [M]. Vol. 3. New York: Charles Seribner's Sons, 1981.

[2] A. G. Howson. A History of Mathematics Education in England [M]. Cambridge: Cambridge University Press, 1982.

[3] H. M. Pycior. Augustus De Morgan's Algebraic Work: The Three Stages [J]. Isis, 1983, 74 (2).

[4] A. Rice. Augustus De Morgan: Historian of Science [J]. History of Science, 1996, 34 (2).

[5] A. Rice. What Makes a Great Mathematics Teacher? The Case of Augustus De Morgan [J]. American Mathematical Monthly, 1999, 106 (6).

[6] L. S. Stephen, Lee. Dictionary of National Biography [M]. Vol. 5. Oxford: Oxford University Press, 1949-1950.

[7] 汪晓勤. 伟烈亚力所介绍的西方数学史知识 [J]. 中国科技史料, 2000, 21 (2).

[8] 伟烈亚力. 代微积拾级 [M]. 上海: 黑海书馆, 1859.

克拉拉 科学史中一颗延迟闪亮的星

[1] D. Charles. Master Mind: The Rise and Fall of Fritz Haber, the Nobel Laureate Who Launched the Age of Chemical Warfare [M]. New York: Ecco, 2005.

[2] B. Friedrich, D. Hoffmann. Clara Haber, nee Immerwahr (1870-1915): Life, Work and Legacy [J]. Zeitschrift für anorganische und allgemeine Chemie,

2016, 642 (6).

[3] B. Friedrich, D. Hoffmann. Clara Immerwahr: A Life in the Shadow of Fritz Haber [M]. // Bretislav Friedrich etc. eds. One Hundred Years of Chemical Warfare: Research, Deployment, Consequences. Cham: Springer, 2017.

[4] 佩鲁茨. 真该早些惹怒你：关于科学、科学家和人性的随笔 [M]. 上海：上海科学技术出版社, 2004.

[5] 张清建. 弗里兹·哈伯：一代物理化学巨匠 [J]. 自然辩证法通讯, 2009, 31 (2).

希思 科学史研究的先驱

[1] C. C. Gillispie, ed. Dictionary of Scientific Biography [M]. Vol. 6. Princeton: Princeton University Press, 1972.

[2] T. L. Heath. The Works of Archimedes [M]. Cambridge: Cambridge University press, 1897.

[3] T. L. Heath. The Thirteen Books of Euclid's Elements [M]. Cambridge: Cambridge University Press, 1908.

[4] T. L. Heath. A History of Greek Mathematics [M]. Oxford: Oxford University Press, 1921.

[5] D. E. Smith. Sir Thomas Little Heath [J]. Osiris, 1936 (2).

[6] L. S. Stephen, Lee eds. Dictionary of National Biography [M]. Vol. 9. Oxford: Oxford University Press, 1975.

[7] 萨顿. 科学的历史研究 [M]. 刘兵, 等译. 上海：上海交通大学出版社, 2007.

西格里斯特 卓越的医史学家和医学社会学家

[1] C. Rosen. Toward A Historical Sociology of Medicine [J]. Bulletin of the History of Medicine, 1958, 32 (6).

[2] G. Rosen, H. E. Sigerist. Social Historian of Medicine[J]. Science, 1957, 126 (3273).

[3] H. E. Sigerist. Sebastian Apollo[J]. Archiv für Geschichte der Medizin, 1927, 19 (4).

[4] H. E. Sigerist. The University at the Crossroads[M]. Henry Schuman, New York: 1946.

[5] H. E. Sigerist. University Education [J]. Bulletin of the History of Medicine, 1910, 8 (1).

[6] I. Veith, E. Henry. Sigerist: Orientalist[J]. Journal of the History of Medicine and Allied Sciences, 1958, 13 (2).

[7] Henry S. Sigerist. 人与医学[M]. 顾谦吉, 译. 上海: 商务印书馆, 1936.

广重彻　日本著名科学史家

[1] S. Nisio. Éloge: Tetu Hirosige, August 28, 1928-January 7, 1975[J]. ISIS, 1977, 68 (3).

[2] 安孫子誠也. 広重徹による武谷三段階論批判[J]. 物理学史ノート, 2008 (11).

[3] 村田全. 広重徹君のこと[J]. 科学史の研究, 1975, 114.

[4] 広重徹. 科学の社会史: 近代日本の科学体制[M]. 東京: 中央公論社, 1973.

[5] 広重徹. 科学史における歴史性と有効性ということ[J]. 科学史の研究, 1959, 50.

[6] 広重徹. 物理学史の戦後10年間[J]. 自然, 1956, 11 (2).

[7] 中岡哲郎. 広重徹・小倉金之助・科学史学会[J]. 科学史の研究, 1975, 114.

普赖斯　悠游于科学与人文之间的使者

[1] B. C. Griffith. Derek Price (1922–1983) and the Social Studies of Science[J].

Scientometrics,1984,6(1).

[2] D. Price. Networks of Scientific Papers[J]. Science, 1965, 149 (3683).

[3] G. L. ETurner. Obituary: Derek J. de Solla Price[J]. Annals of Science, 1984, 41 (2).

[4] E. Yagi, L. Badash, D. de B. Beaver. Derek J. de Solla Price (1922–1983): Historian of Science and Herald of Scientometrics[J]. Interdisciplinary Science Review, 1996, 21 (1).

[5] 蒋国华.科学学的起源[M].石家庄:河北教育出版社,2001.

[6] 诺思.普赖斯小传(1922—1983)[J].国外社会科学,1987(9).

[7] 普赖斯.巴比伦以来的科学[M].任元彪,译.石家庄:河北科学技术出版社,2002.

[8] 普赖斯.小科学,大科学[M].宋剑耕,戴振飞,译.北京:世界知识出版社,1982.

[9] 任元彪.普赖斯和他的巴比伦以来的科学[J].自然科学史研究,2001(4).

洪谦　维也纳学派成员、逻辑经验论在中国的传播者

[1] 贺麟.当代中国哲学[M].重庆:胜利出版公司,1945.

[2] 洪谦.艾耶尔和逻辑实证主义[J].哲学研究,1991(1).

[3] 洪谦.逻辑经验主义文集[M].香港:三联书店,1990.

[4] 洪谦.维也纳学派哲学[M].北京:商务印书馆,1989.

[5] 洪谦.逻辑经验主义(译文集)[M].北京:商务印书馆,1989.

[6] 周柏乔.洪谦教授的三篇文章和他的哲学见地[J].哲学研究,1992(4).

李约瑟　明窗数编在　长与物华新

[1] 李国豪,张孟闻,曹天钦.中国科学技术史探索[M].上海:上海古籍出版

社,1982.
[2] 李约瑟. 李约瑟文集[M]. 沈阳:辽宁科学技术出版社,1986.
[3] 李约瑟. 文明的滴定:东西方的科学与社会[M]. 张卜天,译. 北京:商务印书馆,2016.
[4] 李约瑟. 中国科学技术史[M]. 北京:科学出版社,1975.
[5] 席译宗. 睿智而勤奋、博大而精深[N]. 人民日报,1980-12-8.
[6] 徐迓亭. 李约瑟博士与中国科学[J]. 自然杂志,1980(12).

人名对照表[1]

（按外文姓氏的首字母排序）

A

阿贝格 —— R. Abegg

阿克尔克内希特 —— E. H. Ackerknecht

埃达 —— Ada

艾里 —— G. B. Airy

艾黎 —— R. Alley

奥尔曼 —— G. J. Allman

安东尼亚迪 —— Antoniadi

阿波罗 —— Apollo

阿波罗尼奥斯 —— Apollonius of Samos

阿利斯塔克 —— Aristarchus

亚里士多德 —— Aristotle

艾尔 —— A. J. Ayer

B

巴贝奇 —— C. Babbage

培根 —— F. Bacon

贝利 —— F. Baily

沃尔特·鲍尔 —— W. W. R. Ball

巴利奥尔 —— Balliol

巴利 —— Bally

巴顿 —— C. Barton

鲍赫 —— B. Bauch

贝克 —— M. T. Beck

贝多芬 —— L. van Beethoven

边沁 —— G. Bentham

贝尔纳 —— J. D. Bernal

贝格曼 —— H. Bergmann

博伊斯特 —— F. V. Beust

比奥 —— J. B. Biot

波特兰德 —— G. Bodländer

布尔 —— G. Boole

安东尼·鲍尔 —— A. Bower

布拉德伯里 —— J. Bradbury

布劳恩米尔 —— A. von Braunmühl

布雷特施奈德 —— C. A. Bretschneider

布儒斯特 —— D. Brewster

---

[1] 北京师范大学哲学学院刘程煦同学对人名对照表的编制以及本书各篇文章的校对付出了努力，特此鸣谢。——编者

不伦瑞克 —— Brunswik
本生 —— R.W. Bunsen

C
坎贝尔 —— G. Campbell
迪康热 —— C. du Cange
康托尔 —— M. Cantor
卡纳普 —— R. Carnap
凯斯 —— T. Case
凯莱 —— A. Cayley
蔡斯 —— A. B. Chace
查默斯 —— R. Chalmers
沙勒 —— M. Chasles
查托帕迪亚雅 —— D. Chattopadhyay
柴尔德 —— J. M. Child
克里斯蒂安娜 —— H. Christiana
丘奇 —— A. Church
赫维斯泰克 —— Chwistek
科恩 —— R. S. Cohen
科尔布鲁克 —— H. T. Colebrooke
科德尔 —— E. F. Cordell
科茨 —— R. Cotes
克罗齐 —— B. Croce
居里夫人 —— M. Curie
车尔尼 —— C. Czerny

D
迪伊 —— J. Dee
德朗布尔 —— J. B. J. Delambre
笛卡儿 —— R. Descartes
迪克森 —— L. E. Dickson
狄德罗 —— D. Diderot
狄尔泰 —— W. Dilthey
多布罗夫 —— G. M. Dobrov
多德森 —— J. Dodson

E
埃宾豪斯 —— A. Ebbinghaus
埃伦哈夫特 —— F. Ehrenhaft
爱因斯坦 —— A. Einstein
倭铿 —— R. C. Eucken
欧拉 —— L. Euler

F
法拉第 —— M. Faraday
法伊格尔 —— H. Feigl
费马 —— P. Fermat
费耶拉本德 —— P. Feyerabend
弗拉姆斯蒂德 —— J. Flamsteed
詹姆斯·弗兰克 —— J. Franck
弗兰克 —— Ph. Frank
弗雷泽 —— J. G. Frazer

弗雷格 —— G. Frege
弗伦德 —— W. Frend
弗里德里希 —— B. Friedrich
福赛思 —— A. R. Forsyth
傅兰雅 —— J. Fryer

G
伽利略 —— G. Galilei
加菲尔德 —— E. Garfie
高斯 —— C. F. Gauss
杰莫纳特 —— Geymonat
吉利斯皮 —— C. C. Gillispie
格拉斯顿 —— W. E. Gladstone
格莱舍 —— J. W. L. Glaisher
格德尔 —— K. Gödel
梅耶夫人 —— M.Maria Goeppert
戈兰 —— M. Goran
戈斯特 —— J. E. Gorst
高 —— J. Gow
弗朗西斯·格思里 —— F. Guthrie
弗雷德里克·格思里 —— F. Guthrie

H
夏洛特·哈伯 —— C. Haber
弗里兹·哈伯 —— F. Haber
赫尔曼·哈伯 —— H. Haber

哈恩 —— H. Hahn
埃迪特·哈恩 —— E. Hahn
奥托·哈恩 —— O. Hahn
哈利韦尔 —— J. O. Halliwell
哈尔马 —— Halma
哈劳恩 —— G. Haloun
哈密顿 —— W. R. Hamilton
汉克尔 —— H. Hankel
哈代 —— G. H. Hardy
哈里斯 —— J. Harris
哈里森 —— T. Harrison
哈维 —— W. Harvey
黑德 —— H. Head
杰弗里·希思 —— G. T. Heath
约瑟夫·希思 —— J. L. Heath
罗伯特·希思 —— R. S. Heath
塞缪尔·希思 —— S. Heath
托马斯·希思 —— T. L. Heath
维罗尼·希思 —— V. M. Heath
海贝尔 —— J. L. Heiberg
海尔布龙纳 —— J. C. Heilbronner
海森伯 —— W. Heisenberg
亨佩尔 —— Hempel
亨利 —— O. Henry
约翰·赫歇尔 —— J. Herschel
威廉·赫歇尔 —— W. Herschel
赫西奥德 —— Hesiod
希伯特 —— J. T. Hibbert

广重彻 —— Tetu Hirosige
约尔特 —— E. Hjorth
霍奇金 —— T. Hodgkin
霍夫曼 —— D. Hoffmann
霍德里得 —— T. Holdred
霍利切尔 —— W.Hollitscher
荷马 —— Homer
霍普金斯 —— F. Hopkins
霍纳 —— W. C. Horner
奥西亚松 —— Hosiasson
于阿尔 —— P. Huard
胡美 —— E. H. Hume
洪谦 —— Tscha Hung
胡塞尔 —— E. Husserl
哈顿 —— C. Hutton
希帕蒂娅 —— Hypatia

约翰逊 —— J. A. Johnson
琼斯 —— H. S. Jones
尤霍什 —— B. von Juhos

K

凯拉 —— E. Kaila
考夫曼 —— F. Kaufmann
奈特 —— C. Knight
科赫 —— W. Koch
克拉夫特 —— V. Kraft
克拉萨 —— P. Krassa
库恩 —— T. S. Kuhn
库斯特 —— F. W. Kuster

I

克拉拉·伊默瓦尔 —— C. Immerwahr
保罗·伊默瓦尔 —— P. Immerwahr
菲利普·伊默瓦尔 —— P. Immerwahr

L

莱瑟姆 —— M. L. Latham
莱布尼茨 —— G. W. Leibniz
莱特纳 —— G. von Leitner
莱谢蒂茨基 —— T. Leschetizky
利布里 —— G. Libri
林德曼 —— A. Lindemann
林克 —— P. F. Linke
利特尔 —— M. Little
利文斯通 —— R. W. Livingstone
房龙 —— H. W. Van Loon
洛利亚 —— G. Loria

J

杰克逊 —— H. Jackson
亚希科夫斯基 —— Jaskowski
杰文斯 —— S. Jevons

鲁桂珍 —— Gwei-Djen Lu
隆格 —— G. Lunge
卢米茨希 —— O. Lummitzsch
吕特格 —— H. Lütge
路德 —— G. Luther

M

麦凯 —— J. S. Mackay
马蒂诺 —— J. Martineau
马克瓦特 —— Markwart
迈尔 —— M. Mayer
麦吉尼斯 —— B. F. McGuiness
麦克尼尔 —— J. R. McNeill
迈特纳 —— L. Meitner
H. 门格 —— H. Menge
门格 —— K. Menger
默顿 —— R. K. Merton
梅切尔 —— S. V. Meschel
米什莱 —— Michelet
棣莫弗 —— A. de Moivre
蒙塔古 —— C. Montagu
蒙蒂克拉 —— J. E. Montucla
德·摩根 —— A. De Morgan
李大斐 —— D. Moyle
米尔德 —— H. L. Mulder
芒罗 —— H. A. J. Munro

N

内斯 —— A. Naess
纳格尔 —— E. Nagel
内森 —— C. Nathan
李约瑟 —— J. Needham
奈德 —— H. Neider
能斯特 —— W. Nernst
诺伊拉特 —— O. Neurath
纽博尔特 —— F. G. Newbolt
尼科尔森 —— P. Nicholson
诺亚克 —— A. Noack

O

奥斯特瓦尔德 —— F.W. Ostwald

P

巴麦尊 —— Palmerston / H. J. Temple
帕普斯 —— Pappus
帕金森 —— C. N. Parkinson
帕基耶 —— L. G. D. Pasquier
帕蒂森 —— G. S. Pattison
皮科克 —— G. Peacock
珀西瓦尔 —— J. Percival
皮尔斯 —— C. S. Peirce
佩鲁茨 —— M. Perutz
皮肯 —— L. Picken

柏拉图 —— Plato
普鲁塔克 —— Plutarch
普安卡雷 —— H. Poincaré
波伦 —— M. Pollan
波普 —— W. Pope
普赖斯 —— D. J. S. Price
托勒密 —— Ptolemy
普施曼 —— T. Puschmann

Q
奎因 —— Quine
昆顿 —— A. Quinton

R
拉达科维奇 —— T. Radakovič
拉米斯 —— P. Ramus
兰德 —— R. Rand
雷科德 —— R. Recorde
赖兴巴赫 —— H. Reichenbach
里克特 —— H. Rickert
罗斯科 —— H. E. Roscoe
罗森 —— G. Rosen
罗斯 —— W. D. Ross
劳思 —— E. J. Routh
鲁道夫 —— C. Rudolff
鲁 —— De la Rue

罗素 —— B. Russell

S
萨克尔 —— O. Sackur
萨顿 —— G. Sarton
舍希特 —— J. Schächter
舍勒 —— M. Scheler
施利克 —— M. Schlick
塞巴斯蒂安 —— St. Sebastian
西格里斯特 —— H. S. Sigerist
斯莱德 —— Slade
斯米尔 —— V. Smil
戴维·史密斯 —— D. E. Smith
威廉·史密斯 —— W. Smith
骚塞 —— R. Southey
斯宾塞 —— E. Spencer
斯彭格勒 —— Spengler
施特格米勒 —— W. Stegmüller
史蒂文森 —— L. G. Stevenson
斯泰芬 —— S. Stevin
施蒂费尔 —— M. Stifel
斯通 —— E. Stone
斯特鲁韦 —— V. V. Struve
祖德霍夫 —— K. Sudhoff
西尔韦斯特 —— J. J. Sylvester
瑟勒希-扬瑟 —— M. Szöllösi-Janze

T

田丸节郎 —— S. Tamaru
塔内里 —— P. Tannery
塔尔斯基 —— A. Tarski
泰莱斯 —— Thales
西昂 —— Theon
汤普森 —— W. H. Thompson
托德亨特 —— I. Todhunter
汤因比 —— A. J. Toynbee
特罗洛普 —— A. Trollope
特纳 —— H. H. Turner

U

乌尔默 —— K. Ulmer

V

法伊特 —— I. Veith
韦达 —— F. Viete
达·芬奇 —— Da Vinci

W

魏斯曼 —— F. Waismann
韦利 —— J. Waley
沃利斯 —— J. Wallis
韦尔比 —— R. Welby
韦尔奇 —— W. H. Welch
休厄尔 —— W. Whewell
惠斯顿 —— W. Whiston
怀特 —— M. White
怀特海 —— A. N. Whitehead
威德曼 —— J. Widman
维恩 —— W. Wien
温德尔班德 —— W. Windelband
韦尔夫林 —— H. Wölfflin
伍德豪斯 —— R. Woodhouse
兰厄姆 —— F. Wrangham
赖特 —— T. Wright
芮沃寿 —— A. F. Wright
伟烈亚力 —— A. Wylie
怀斯 —— W. Wyse

Z

塞乌滕 —— H. G. Zeuthen
支尔塞尔 —— E. Zilsel